脱
北朝鮮論

脱北者との悪意を解いた交流から

脱北朝鮮論　脱北者との悪意を解いた交流から

目次

はじめに

第一章　再考すべき北朝鮮論

第二章　酒場の脱北者たち

第三章　朝鮮の学生生活

第四章　脱北者と朝鮮

第五章　脱北者の短所

結論に代えて

謝辞

はじめに

統一を望まない韓国

二〇〇九年秋、私は韓国・東国大学の北朝鮮学科の博士課程に入学し、以降、生活の拠点を韓国において一〇年が経ちます。その間、朝鮮半島では政権の交代と、南北関係、そして日韓の関係にめまぐるしい変化がありました。私は、この間、脱北者を強く意識しながら韓国で生活し、朝鮮半島をめぐる韓国人・北朝鮮人を見詰めようとしてきました。直接、人に接することが、北朝鮮を知る一番の近道だと考えたからです。資料の分析を中心とする学者にはなりたくなかったのです。

私は、脱北者との交流に積極的にとりくみました。脱北者にこれほど多く接している日本人は他にはいないと思いますし、「韓国人でもそんなにいないと思いますよ」と脱北者たちも言ってくれます。

韓国にとって南北の統一は「民族の宿願」でした。しかし、私が韓国に来た一〇年前には、すでに、若い層を中心として統一は単なる負担になりつつあったのです。私は、この事実に驚きました。脱北者たちも「韓国に来て一番びっくりしたのは、韓国人たちが統一を願っていないことです」と、まったく想像していなかったようでした。

一九四五年の日本からの開放の喜び、一九五〇年の朝鮮戦争、そして南北分断の悲しみを知る人たちが時とともに減少し、分断状態が当たり前の世代が増えていることが一つの理由でしょう。「平和は求めるけれど、南北が一つの国になる必要はない」のであり、「北朝鮮が韓国に危害を加えないのであれば、自分たちも大変なのに、わざわざ貧しい国を引き受ける必要はない」と考えるのが普通になってきたのです。


「韓国は情の国家である」と彼らは言います。

昔は確かにそうでした。三十年前、日本から嫁にきた私の知人が、ソウル市内から離れた田舎の夫の町に向かうため、バスに乗っていると、隣に座った見知らぬ青年がお菓子を分けてくれたといいます。その心が嬉しくて「慣れない韓国でもなんとかやっていけるのではないかと思いました」と言っていました。二十年前、私が最初に韓国に語学留学したとき、地下鉄で老人に席を譲らない若者がいないのをみて希望を感じていました。しかし、今では誰もがスマートフォンを弄《いじ》ることに忙しく、老人に席を譲る若者はすっかりいなくなりました。この変化を残念に思う韓国人も少なくありません。

統一に対してどのように考えていますか？

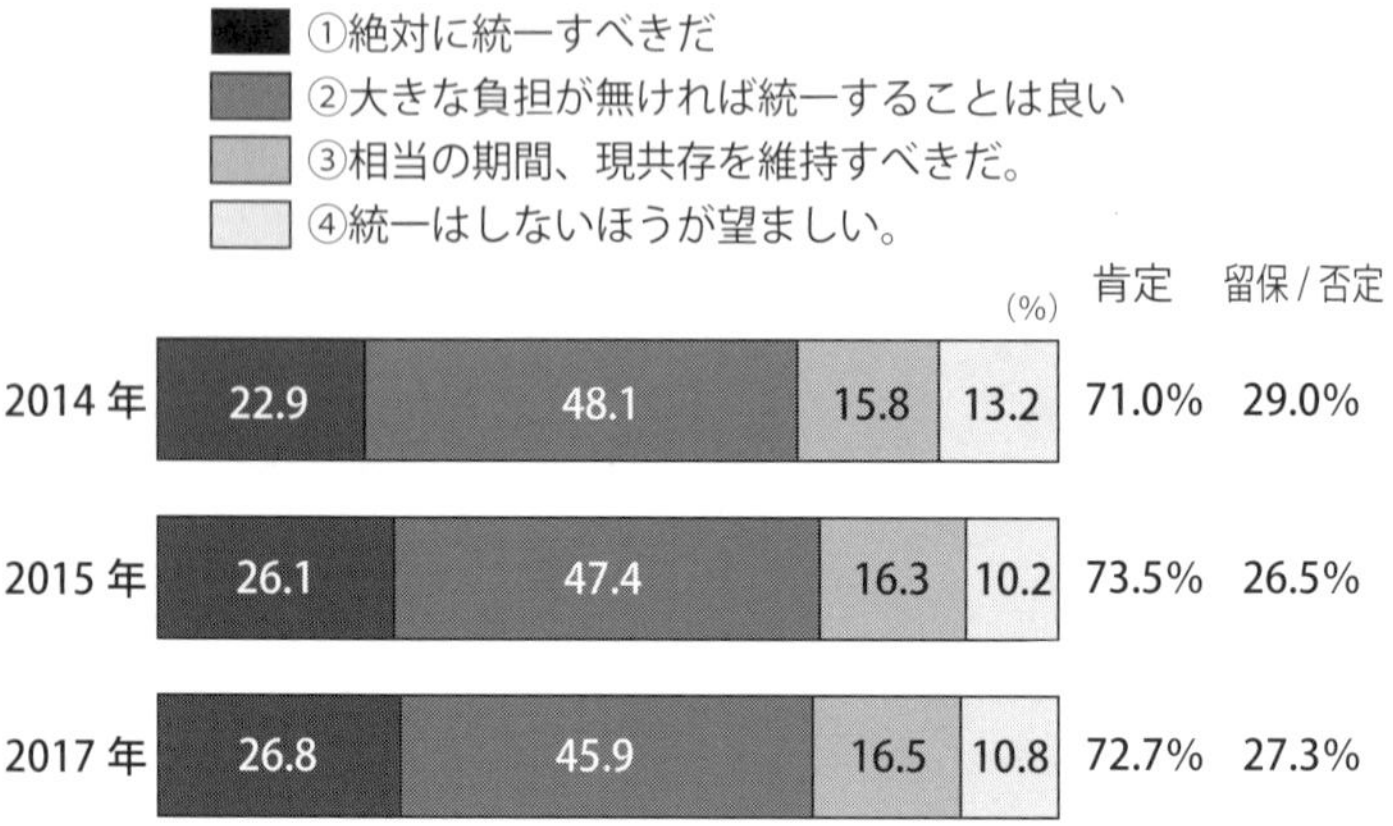

（出展：2017年 国民統一意識調査：KBS 韓国放送）

【解説】正しく判断しないといけないのは、②の「大きな負担が無ければ…」の部分である。別の調査（2018年ネット調査／毎日経済紙・2018.7.31）では、統一に対して追加税を払う意思のある国民が30%、払う意思のない国民は47%、無回答が23%とある。統一に追加費用が必要なことは間違いのない事実なので、統一に積極的であるかどうかは、そのために税金を支払う意思があるかどうか、という点から判断するのが現実的である。そうであれば、現実に統一をすべきだと考えている国民は30%にならないのにも関わらず、上の調査では、70%が統一を肯定的に考えていると分析しているのである。ちなみに、筆者は、現実に統一を肯定的に考えている韓国人に出会ったことはない。

個人主義が強く意識された結果、それが、利己主義の容認へとつながり、韓国の社会が変化してきたと言えるでしょう。私は、この変化が、分断が長引いたこと以上に、統一を意識しなくなったことと直接的な関係があると感じているのです。自分が生きていくことばかりに意識を向けているため、悲惨な状況で生活する隣国の様子は、かの国の政府が悪いだけで、自分には関係ないということです。少なくとも、何年か前には、両国の政府と関係なく、同じ民族が苦しむ様子を自分の親族のことのように思っている人たちが多くいたのです。

「五年以内に北の国境が開く」

元軍関係者から主婦まで、私の知る全ての脱北者は、朝鮮が「核を放棄することはない」と言います。北の「核兵器は廃棄する」は「我が国が最後に」という修飾語ありきの言葉なのです。アメリカを中心とした国際社会は、そんな北朝鮮に対する制裁を緩めるつもりはなく、朝鮮政権を相当なところまで追い詰めています。「もう少し首を絞めれば、絶命する状態だといえるでしょう」(元軍関係脱北者、五〇代男性)。

しかし、北朝鮮に対する経済制裁の犠牲になるのは朝鮮人民であって、権力者でないことは、北朝鮮に対して多少なりとも意識を向けていれば分かることです。つまり、国際社会の指導者は、朝鮮の人民を犠牲にして自国の安全を確保しようとしています。もちろん、それは各国家に責任があることではなく、北朝鮮の政策が招いたことなのですが。

実際、朝鮮に核廃棄があるとすれば、現政権が交代した場合にしか起きないでしょう。ただし、政権交代劇は、関係各国の準備が整った状態で起きるものではありません。白頭山の噴火、核研究施設爆発などの災害や事故が、国境にひび割れを入れることになるかもしれません。また、北朝鮮の体制の激変によって、それが起きることも考えられます。

体制の変化でもたらされる政権交代であったとしても、私は五年以内に起きる可能性が高いと見ています。それほどに、北の内部は大きく揺らいでいるのです。

私は先日、友人の脱北者二人と一日中この話をしました。彼らは、新しく入国した脱北者や、現地にいる人民などからの情報も得ながら北朝鮮の開放に向けて努力している人たちです。自分の祖国を守るため、真剣にこの問題に取り組んでいるのです。彼らはこんな風に言います。

「金正恩は、赤化統一を狙っているが、今はその力は充分ではない。アメリカは、北の息の根を止めるために制裁を続けていて、追い詰められた金正恩が死なばもろともで、核兵器を使うことになる可能性はある。しかし、その時に、核のスイッチを押してくれる部下もすでに彼のもとを離れていて、牙のない虎の状態であってくれれば大惨事にはならないだろう」。

そのうえで、彼らは言います。「突然、雪崩のように故郷が解放された時のための準備をしないといけない」と。そのために今の段階で必要なことは、北朝鮮の状況を正確に韓国や国際社会に知らせていくことです。彼らは、政治的な側面から自分の祖国の問題を指摘していますが、また、他の一面で、故郷である北朝鮮を純粋に受け止めて欲しいとも訴えます。

私は、そんな脱北者たちの、真実の北朝鮮を理解してもらいたいという思いと共に、本書を書きました。

脱北者の内面的な長所

北朝鮮での生活、脱北過程の苦労、韓国でうける差別。どれひとつをとっても、彼らには相当な苦痛であり、そのストレスの故に精神障害になっても不思議ではない状態だと言えます。

ところが、私の目の前に現れる脱北者たちは、とても前向きに生きているのです。私は、交流を始めた最初の頃から、そんな脱北者の醸し出す素朴な人間力というか、生きて行くための心の強さに惹かれていました。

韓国では、脱北者に対して「北から来た間違った思想を植えつけられた人」、「教育を充分に受けていない人」、「経済力のない可哀そうな人」という視線が一般的です。韓国は、来るべき統一のために、脱北者を重要視し他の国家にない多くの支援をしていますが、一般の市民が蔑んだ姿勢で彼らに対していることが多く、当の脱北者たちは、ありがたいと思いながらも屈辱も感じています。

私は、韓国では脱北者と同じく異邦人です。異文化の中で苦労する脱北者たちは、韓国人に対しては言わないような本音を私には話してくれます。

そのため、私は脱北者の魅力がどこから来ているのかを知ることができたのです。本来、それは隠す必要はなく、脱北者たちが韓国で自由に生活できていれば、多くの韓国人も普通に感じるはずのものです。

悲惨な状況下でも前向きに生きていける彼らの精神力は、今後、どのように展開するかわからない南北関係、北東アジアの発展に対して、非常に大きな影響を与えるのではないでしょうか。少なくとも、統一の後の北朝鮮地域の発展については、彼らはお荷物ではなく、充分な力を発揮すると思えます。

そんな彼らの長所は、脱北者の一部だけのものなのか、それとも、脱北者全体に共通しているものなのか。これが私の大きな関心事となったのです。

第一章

再考すべき北朝鮮論

この章では、私が脱北者と知り合った経緯や、インタビューの方法、本書における私の立場などについて説明したいと思います。

まず、これまで脱北者問題に触れることのあまりなかった方のために簡単に説明します。脱北者は、現在、韓国を中心に全世界に三万人以上住んでいます。女性が七〇％以上で、わずかの例外を除いて、北朝鮮から中朝国境を越え中国にわたり、その後第三国を経由して韓国に入国しています。北を出た後中国に留まっている人も多く、最初から韓国を目指す脱北者は意外に少ないのです。また、政治的に反発して国を出る人よりも、食料を得るために国境を越える人の方が圧倒的に多いのです。

私は、その脱北者と九年間にわたって交流してきました。友人と呼べるような近い関係を持っている人が二〇人程度、仕事などで特別に付き合っている人が一〇人程度です。彼らから感じたことが私の北朝鮮を見る基礎になっています。食事をしたり、コンサートに行ったり、自宅でお茶を飲んだり、研究を手伝ってもらったり、場合によっては喧嘩をしたりする人たちです。

私は、基本的には脱北者に謝礼を払ってインタビューすることはしません。謝礼に関係なく、普段の会話から得られるような情報がもっとも信用できると判断しているからです。研究者などがよく謝礼を払ってインタビューをしていますが、どうも彼らが正直に答えていないという印象がありました。実際に彼らに聞いてみると、そのほとんどが「アンケート調査には正直に答えていない」と言います。韓国人の気分を害することなら、あえて正直に言わないほうがいいと思っているからです。そのことをみても、彼らが韓国で堅苦しく生きている様子がうかがわれます。私が得る情報は、無作為に集めたものではないため、偏っていると指摘する人もいるでしょう。しかし、私にはこのスタイルが合っているし、広く浅く知ることは本質を知ることにはならないと日頃から感じているのです。

　私が最初に出会った脱北者は、東国大学の北朝鮮学博士課程に通っていた脱北女性です。その後すぐに、彼女が北朝鮮から連れ添ってきた夫であるキム・ビョンウク（김병욱・56）に会います。彼は私の一歳年下で、その後、北朝鮮開発研究所という法人を立ち上げます。彼は、私をそこの外部理事にしてくれました。いまも私は彼の活動の一部を手助けしています。この夫婦は、共に北朝鮮学の博士であり、脱北者のなかでは数少ない成功者だと言えるでしょう。彼が所長をつとめる研究所は紆余曲折はありながらも、五年以上運営を続けています。脱北者ならではの情報を収集し、最近ではアメリカの戦略国際問題研究所（CSIS）から研究依頼も来るようになりました。そこに出入りする脱北者の友人もいます。

次は、東国大学の学部生だった脱北女性ジョンミン（정민・41）です。彼女とも長い付き合いになります。当時、韓国にきて六年目だった彼女は、学歴至上社会の韓国においては大学卒の資格が重要だと考え、三十をすぎてから大学に入りました。私と会ったとき、三十三歳の大学三年生でした。彼女との友人関係で、脱北者との縁が広がっていきます。

もう一つあります。韓国人の友人が新会社の立ち上げ時期に工場を管理してほしいと私に依頼してきました。六年前のことです。十分な給与はないが、住むところと食事は保障するというのです。工場の人事権をもらうことを条件として、私はその話を引き受けました。この工場で、北朝鮮人、韓国人、日本人に働いてもらって、彼らがお互いをどんなふうに意識するかを見るためです。その工場でアルバイトをした脱北者は、これまでで十二人になります。

この三つの交流が主なものです。これらの交流を基礎として、私の北朝鮮人に対する見解を述べていきます。脱北者の証言を紹介するさいには姓を除いた名前と年齢を記載します。ただし、伝えたい内容に支障がない範囲で脱北者の名前や事情を変更する場合があります。本人が特定されると良くないと判断する場合は匿名にします。証言者には、韓国人国後二〇年になる人もいれば、まだ三年の人もいますが、三〇～四〇歳代の女性が中心になります。女性が中心になる理由は、韓国に居住する脱北者の七〇％以上が女性であることがひとつ。また、女性が韓国定着に成功しているケースが多いためでもあります。北朝鮮と韓国を正確に比較したうえで、北朝鮮を語ることができる人に話を聞いてみたかったのです。ただ、男性の声も必要に合わせて加えようと思います。

韓国にいるほとんどの脱北者は裕福ではありません。よく知られているように、彼らの生きてきた道は、我々の想像を超えて険しいものです。私の知る脱北者は、父親が違う子供を北朝鮮に一人、中国に一人、韓国に一人抱える人、脱北の過程で北送され監獄で頸椎を骨折し半身麻痺ながら韓国に入国した人、姉妹でブローカーに騙され中国で別々に暮らした人、幼いころにすべてをなくし乞食だった人、元北朝鮮工作員など、平凡な生活を送ってきた人はだれ一人いません。

本論に入る前に

本論に入る前に、断っておくことが幾つかあります。一つ目は、私は自分の主観を大切にしているということです。客観的事実ではなく、主観的観測を主張するようにしています。研究者は一般に、自分の主張を正当化するため、学説や実験データなどの根拠を提示するものですが、私は自分の体験から得た感覚を最優先させるべきだと考えています。根も葉もない空論を振り回す気はありませんし、読者の理解を助けるためにも根拠は述べますが、感じる内容を正直に話すことがより重要だと考えています。ですから、本書は学術的な成果を追求したものというよりは、私が交流した脱北者の紹介話であると捉えてもらったほうがいいのかもしれません。

二つ目は、本書で使用する単語について。研究者が公式に使っている言葉ではなく、私の主張にしっくり当てはまる言葉を使用します。ただし、引用文内の単語は、話者の使った言葉をそのまま引用します。

例をあげると、韓国と北朝鮮。韓国の憲法上は、北朝鮮地域は韓国の一部であり、朝鮮民主主義人民共和国という国家を認めていません。北も態度は同じで、韓国政府を米国の傀儡政府として南朝鮮と表現します。私はどちらの立場にも立ちません。両国は、国連の加盟国でもあり、相手の地域を自分の地域として扱うことには、今の時点では反対です。私はこの二つの地域を別の国家として扱います。呼称は、北に対しては「朝鮮」、南には「韓国」と表現したいと思います。「韓国」は、韓国でも日本でも使い慣れた言葉で、「朝鮮」は、脱北者にとっても、故郷を呼ぶときに呼びたい国名です。互いの国民の希望の名前にしたいと思います。

韓国では、朝鮮のことを北韓、南北を意識した場合は、韓国を南韓というように呼ぶことがあります。同じく、朝鮮では、南のことを南朝鮮と呼びます。このことは、実に敏感な問題で、私は中国などで南北の人が出会う会議にこれまで数回参加しましたが、会の主催者は事前に「北韓のことは北側、南韓は南側と呼んでください」と確認しています。

また、脱北者については、そのまま「脱北者」としたいと思います。韓国では、公式的には「北朝鮮離脱住民」という呼称を使用しますが、この長い単語を一般生活で使う人には会ったことがありません。韓国人は、北朝鮮から韓国に移住してきた住民に対して、少なからず蔑視の意識をもっています。その意味で「脱北者」という呼び捨てのようなこの言葉は、現在の彼らの位置を一番正確に表現している言葉だと思います。ちなみに私自身は、彼らと直接話すときは、彼らを北朝鮮の人と呼んでいます。また、朝鮮内部に住む人たちのことを指す場合には「朝鮮人民」とします。

三つ目は、北の指導者を呼び捨てにしないということ。一国の責任者を呼び捨てするのは、常識として控える必要があると考えるからです。韓国では、たとえば金正恩委員長ではなく金正恩と呼び捨てにすることが多くあります。セミナーなど公式の場で、資料には委員長と記述していても、発表者が発言するときは「金正恩」と言うことが多いのです。本書では、その点にとくに注意を払いたいと思います。

殺し合いをした朝鮮と韓国

長年来の友人がいるとします。いい関係が持てれば、その仲を「我々、お互い長所も短所もすべて知っています」などと表現するものです。人は、長所・短所の両方を十分に理解しあえたときに友好的な関係を維持できます。短所がお互いに補えるものであれば、長所の故にそれほど気にならないものでしょう。これは個人に限ったことでありません。会社でも国家でも基本は同じはずです。友好的な交流は、互いの良さが発揮されるように行われるのです。

ところで、韓国と朝鮮は、友好関係にありません。その両国の今の状況から少し詳しく考えてみたいと思います。

一九四五年、第二次世界大戦の終戦時、敗戦国日本に対する処理を巡って、戦勝国の主張が対立しました。ソ連は北海道の統治を希望したのですが、共産主義・社会主義国家の勢力拡大を恐れた自由主義陣営は、日本列島全体をアメリカの一括統治とすることに決定しました。その結果、日本は分割統治を免れ、賠償金を要求されることもありませんでした。その身代わりになったのが朝鮮半島です。半島は、住民の意志と関係なく三十八度線で分断され、北をソ連、南をアメリカに信託統治されることになったのです。戦前の日本の朝鮮半島統治がなかったら、戦勝国が半島に目を向けることはなかったはずで、朝鮮半島の分割もありえなかったのです。

半島の悲劇は続きます。社会主義・自由主義の対立が半島に影響を与え、一九五〇年六月二十五日に北の奇襲で朝鮮戦争[*1]が始まりました。

当時、社会主義の権力構造からみて金日成首相が戦争を起こすためには、スターリンの許可が必要でした。しかし、スターリンは最初戦争を渋っており、毛沢東に確認がとれればいいと指示したのです。三者の確認がとれて戦争は起きたのです。一九四九年に中華人民共和国という社会主義国ができていなかったら、戦争はなかったことになります。この中華人民共和国の建国が分断の悲劇に大きな影響を与えているのです。

さて、不意を突かれた韓国は、三ケ月も経たないうちに釜山周辺だけを残して北朝鮮軍に占領されてしまいました。しかし、降伏が目の前に迫ったとき、国連軍が仁川上陸

＊1　韓国では、公式的には韓国戦争と表現する。一般には、戦争の始まった六月二十五日から六二五戦争といわれる。

作戦に成功し、一気に中朝国境まで朝鮮軍を押し戻したのです。そこで中国人民志願軍が参戦し、再び戦線が押し戻され、朝鮮軍の奇襲から約一年後、三十八度線付近で両軍は膠着状態に陥ります。その後、休戦に至ります。

朝鮮戦争は、南北で軍人・一般人含めて四〇〇万人もの死者を出しました。[*2]これは、第二次世界大戦以降の戦争で最も多く、当時の朝鮮半島の人口の十分の一以上が犠牲になったことになります。生き残った人にとって、南北の関係は「同じ血統の同胞」から「家族を殺された怨讐」となったのです。韓国の、現在八〇歳を超える人たちにとって「北朝鮮は無条件に悪」なのです。朝鮮も同じで、米国や韓国に対して無条件の敵意を抱いています。

生命を奪い合った恨みは、南北問題の平和的解決に対するもっとも大きな障壁となっています。かつて、南北の統一よりも東西ドイツの統一のほうが困難であるという見解がありましたが、ドイツは奇跡的にベルリンの壁崩壊事件で統一され、それから三〇年を迎えます。しかし、南北関係にはいまだに具体的な進展が見られていません。原因は、北の特異な政権にあるように考えられていますが、実際には、殺しあった民族の心の傷が、もっとも深いところに残っているからだと、私は判断しています。

韓国における北朝鮮学の特殊性

朝鮮戦争休戦から七〇年になろうとしています。この期間、戦争が再発するかのような事件も起こり、その度に韓国は神経をとがらせてきました。その危険な北朝鮮に関する研究は、国家機関のみならず大学などの研究機関でも行われるようになり、約三〇年前、国家機関とは別に、朝鮮を研究する北朝鮮学が生まれたのです。研究は、最初軍事・安保問題に始まり、政治や思想が続き、やがて経済の研究が加わりました。文化・芸術などを含めた研究は、比較的新しいものになります。

北朝鮮学の最大の目的は、敵国・北朝鮮を研究することですから、友好的な観点はほとんどありません。国家保安法（一九四八年公布）で、朝鮮や共産主義を賛美する行為を取り締まっているため、肯定的な研究をすることは憚られるということもその理由でしょう。軍事政権時代の徹底した反共教育が国民全体に与えている影響も大きく、否定的な観点で確立してしまった北朝鮮学は、その研究の柱が簡単に変わるものではないでしょう。

＊2　朝鮮戦争による犠牲者の数は、明確な記録が残っていないが、ここでは和田春樹『朝鮮戦争』（岩波書店：一九九五年）の数字を採用した。朝鮮二五〇万人、韓国一五〇万人。

その後、北朝鮮学に大きな新しい流れができました。朝鮮を脱出してきた人々からの情報が加わるようになったのです。一九九〇年代の後半から始まった大飢饉で大量の北の住民が中国に流れだし、韓国にまで入国する者が増えました。それまで直接得ることのできなかった生の情報が得られるようになったのです。ただ、ここにはある傾向があります。既存の研究者は、脱北者からの情報を自分たちの研究の確認をすることに重きを置いたのです。既存の研究というのは、政治体制、人権問題など、朝鮮の問題点についてのものです。これまでの研究を覆すような果敢な姿勢の研究があるようには見受けられないというのが、私の印象です。

脱北者に関する研究も、多くは彼らの韓国定着の問題に関するものです。朝鮮と韓国文化との差異による問題点を調査したものや、定着のための政策の問題点を述べるものが多くあります。しかし、その論調は「可哀そうな脱北者」の感がぬぐえません。政策の効果が不十分であるという指摘はありますが、研究の基本的な立場は、脱北者が韓国の文化に慣れること、つまり韓国化が定着であるという観点です。

この北朝鮮学の現状は、韓国の置かれた政治・安保的な立場から見ると当然のことではありますが、健全な研究という立場からみると違和感を覚えざるを得ません。たとえば日本学であれば、独自の文学やアニメーション、精度の高い科学技術など長所を研究しようとする人も多く、仮に政治を研究するにしても、できるだけ中立の立場で分析しようとするのが通常であるからです。しかし、韓国における北朝鮮学は、ほぼ一〇〇％研究対象の朝鮮を否定的な側面で捉えようとしています。朝鮮の現状に否定的な面がないとは言いません。しかし、そんな北朝鮮学という世界に少なからずいびつなものを感じました。

私は、そんな一般的な北朝鮮学とは異なり、朝鮮の長所を探そうとしています。「厳密にいうと国家保安法に引っかかる」と注意をしてくれる韓国人の研究者もいます。一方、朝鮮を肯定的に見る目を持つ研究者は「韓国人にはできない研究だからとっても興味深い」と言って励ましてくれます。この現状は、分断国家が生んだ偏った側面だと言えるでしょう。

先入観をなくすこと

先入観をなくすことは、研究をするうえで非常に大切なことです。しかし、韓国は全体的にいって、朝鮮に対して非常に強い先入観を持っていることは間違いありません。たとえば「共産主義」です。韓国では、長年にわたり行われてきた反共教育の影響により、とくに年齢層の高い人たちは共産主義を否定的に扱います。脱北者も自分たちを圧迫してきた政治制度としての共産主義には反対します。しかし、多くの脱北者は、共産主義が道徳だという意識も持っています。「全ての人が差別なく平等に生きていける」ことを目的とするのが共産主義です。彼らにとっては、日常的な親切も共産主義なのです。無条件に共産主義を否定する態度に脱北者たちは困惑するのです。単純な政治イデオロギーとしての共産主義否定は、脱北者との会話を難しくします。

韓国における、共産主義への悪意のある反発は、基本的に北＝悪だと考える思考回路から生まれていると考えられます。悪意の先入観で見ると全てが劣悪に見えてきます。先入観を解かない限り、朝鮮や脱北者を正確に見ることはできないのです。

平和を望むこと

韓国の研究者と話をすると「まわりの強大国は、半島の平和を望んでいない。自国の利益が揺れるからだ。日本もおなじだ」という意見がよく出てきます。近視眼的には、それは正しいでしょう。中国とアメリカが牽制し合うなか、朝鮮半島で混乱が起きることよりも、小康状態が続くことが望ましいと考えるからです。

しかし、日本で朝鮮半島の平和を望んでいない人など探す方が難しいのですが、彼らは、日本は平和を望んでいないと思い込んでいるのです。

人は、誰であっても、隣人と平和に暮らすことを望んでいます。面倒ばかり起こす隣人を歓迎する人はいません。それは、国家においても同じです。

朝鮮半島では、戦争の危機が常にある状態が長い間続いていました。これは、東西冷戦の影響をも強く受けているのです。そんな自国の力だけでは実現できない平和問題を前にして、なぜか複雑な思考回路に陥っているように見えて仕方ありません。

私は、平和というのは、そんなに複雑な構造をしているとは思っていません。私のすぐ隣の人と仲良くすることなのです。人は、遠いアフリカの人のために募金することはできても、隣のお婆さんが病気で倒れたときにお見舞いに行くのには躊躇したりするものです。しかし、毎日の生活を見た場合、アフリカよりも隣の人が重要なのです。アフリカを無視しろというのではありません。隣人を無視してはいけないということです。

国家においても同じことです。国家にとって最も重要なのは隣国です。隣国と仲良くすることが一番の平和への近道でしょう。私が、韓国や朝鮮に関心を持っているのは、単純にそんな理由からでもあります。

「いい思い出はありますか？」

私は、脱北者から感じていた魅力の原因を知るために、次のような質問をしました。

「朝鮮にいたときの一番良い思い出を教えてください」。

ところが、彼らからは予想外の言葉が返ってきました。異口同音、「韓国に来てそんな質問を受けたことはありません」と言うのです。

「良かったこと？　韓国に来て、そんなことを聞かれたこともなかったし、何年もそんなこと考えたこともなかったですね。でも、思い出してみると楽しかったことってありますよね」。

ミョンスク（명숙・41）は、脱北の途中で北送され、教化所[*3]（強制収容所）で二年半の生活を経験した人です。彼女は、もともと口数が多いほうではありませんが、学生時代の楽しかった思い出を多く話してくれました。韓国では、韓国人を前にして、朝鮮の長所を語ることには何のメリットもありません。「異常な国家から逃げてきて今は自由を楽しんで幸せです」と答えるのが韓国で無難に暮らせる姿勢だからです。私が、脱北者から得たい情報は、本人の生活の中で個人的に良かったと感じることです。ところが、朝鮮の悪口を言うことに慣れた脱北者たちは、話をするうちに体制の批判をしはじめます。そのたびに「いやいや、私は、あなたの個人の生活に関心があって、国家の批判や他の人の話は必要ないんです」と話の修正をしていきました。

「私も、忘れてしまいたいようなことを何度も聞かれるのは嫌なんですよね。研究のためとか言うので話すし、謝礼もくれるというので言いますが」とジョンミンが私に言ったことがあります。自分のことといえども、話したいことと話したくないことがあります。話したくないことを無理に聞く必要はありません。全てを知ろうとして無理に聞いても、その相手が嘘をついたかどうか確認のしようがありません。心を開いてくれたら、多少言いにくいことでも、私のために相手が自ら話してくれる。それを期待して、脱北者たちとの会話に努めました。

私は実際に、脱北者たちがアンケートに正直に答えていない、という状況を何度も経験しています。本人たちも、アンケート調査には正直に答えないと言います。朝鮮という社会構造の単純な世界に住んでいた彼らは、細かいことまで聞こうとすると面倒になってくることもあるのです。「むしろ単純なことの方が正直に答えると思います」と脱北者の定着支援をしているチソン（지선・45）は言います。

韓国での脱北者に対する姿勢がこんな状況では、脱北者の本質を知ることができるはずがありません。私は、改めて二つの国の遠さを感じましたし、また、このアプローチが非

＊3　朝鮮では罪状に合わせて収容所が異なり、もっとも罪状の重い者は管理署（政治犯収容所）に収監される。教化所は、その次の段階で、原則六ヶ月以上収監されるといわれる。

常に重要だと思いました。

統一が必要な理由

充分な準備がなされたうえで統一が起きる可能性は、きわめて低いでしょう。突然の事件として統一が起きれば、南北双方に混乱を招くことになるでしょうが、それでも、早い時期に統一に至ることが、この東北アジアにとって良いことであると考えています。その理由のうち最も大きいものは、統一によって朝鮮人民の危機的状態が緩和されることです。

朝鮮人民の人権問題が、非常に大きな問題として取り上げられてから久しくなります。アメリカで北朝鮮の人権問題を厳しく取り締まろうとする北朝鮮人権法が制定されたのは二〇〇四年です。脱北者の話を聞いても、精神的にも肉体的にも非常に困難な状況にある人が何万人単位で存在しているということが容易に予想できます。

まず大きな問題になるのが、彼らの健康状態です。韓国にいる脱北者でいたって健康という人に会うことはありません。幼いころからの慢性的な栄養不足のために、私が出会った脱北者は、男性であっても身長が一七〇㎝以下の人がほとんどです。北朝鮮では、中学校（高等学校相当）卒業時に、軍入隊のために身体検査を行うのですが、一九九四年以前は下限が一五〇cmだったものが、二〇一〇年には一四五cm、二〇一二年には一四二cmに修正されています。[*4] 幼いころの栄養不足が、成人になってからの生活に影響を及ぼすことは明らかで、また、それは、身体的に影響を及ぼすだけでなく、知能・精神の状態にも障害を残すのです。

また、朝鮮には、公開されていない監獄が多く存在しており、その中に収容されている人の数は何万人にものぼるとされています。監獄にいた脱北者の話を聞いても、尋常な状態ではないことがわかります。それゆえに、多くの収監された人民が、精神に異常をきたしているのでしょう。今後、朝鮮の危機的状況がさらにひどくなれば、収監される人民が増えることも考えられます。朝鮮が解放された場合、この囚人たちが一気に解放されるのです。精神的なダメージを受けた人々のケアーにどれだけの大きな費用が掛かるかは想像を超えます。その人数をこれ以上増やすことを食い止める必要があるのです。

さらに、核兵器の開発のために割かれた人員も相当数いるはずです。ずさんな環境で開発が行われていたことは確実で、周辺の環境、人民への汚染状況まで含めるとどれだけの

＊4　金英姫『暴政による人間の退化』（統一日報社出版部：二〇一四年）六〇‐六一頁

被害になっているか想像もつきません。朝鮮の核実験の後から原因不明の病気が、施設周辺の人民の間で急増しています。感覚麻痺、体重の減少、奇形児など、それらを鬼神病(귀신병)と呼び、苦しんでいるのです。私も「研究施設の近くにいた友人が、皮膚の様子がおかしいと言っていました」などという脱北者の話を聞きました。

他国を攻撃しなかったとしても、朝鮮が体制維持を確保した場合は、これらの犠牲が継続するのです。統一されないかぎり、こういった状況は公開されません。少なくとも今の政権が続く限り、鎖国状態が続くのですから。

経済問題から統一を導こうとすることについて

脱北者には、「統一講師」という仕事をしている人が多くいます。朝鮮の状況を経験してきた脱北者が、韓国で学校、各種団体に出向いて、朝鮮の実情や統一の必要性を説くのです。その講師に、私の工場で講義をしてもらったこともあります。

統一するということは、思想の違い、文化の違い、経済格差を乗り越えることですが、彼女がしてくれた講義の内容は、統一の効果を目にみえる形で強調するために、経済的側面からの理解を求めるものでした。資本主義下で生活する現在の韓国人にとってもっとも理解しやすいものであるかもしれません。

しかし、私は経済を前面に押し出さず人道的な側面を併走させる方法が、むしろ有効であると考えています。経済は、幸福な生活のための非常に重要な要素であることに間違いありません。しかし、人生でもっとも重要なものとまでは言えません。

経済を先に立てて推進する姿勢には、どこか人間の本質を曲げたものを感じてしまいます。下世話な人間の本性に訴えることがもっとも効果的であるというふうに、どこか人を蔑んだような動機を感じるのです。二〇年前は、飢餓に苦しむ朝鮮人民の様子を伝え、民族愛を統一推進の原動力にしたのですが、いまや韓国国民には民族愛よりも個人の生活を重要視する傾向が強くなってきています。経済を前に立てる方針は、時代の要求に沿ったものかもしれません。しかし、それに迎合しようという発想は残念です。人としての道徳や愛を強調することが、本来の姿勢ではないでしょうか。

自分の利益を中心に考えている者が統一を行うことが、最終的には、その道を困難な方向に進めることになると思います。それだけ、今の状況は、統一が難しいものであるからです。

第二章

酒場の脱北者たち

これから、私が感じた脱北者の魅力について話をしていくのですが、最初は、酒場で働く女性二人の紹介から始めます。

私は、朝鮮のことを知るために、これまで脱北者と長い時間をかけて交流を続け、インタビューをしてきました。しかし、それだけでは足りない部分を感じ、本書を書き上げるまえに、これまでとは異なる種類の人たちに会うことにしたのです。結果的には、それが、これまで私が感じていた脱北者の魅力をさらに確信させてくれるような出会いになりました。

酒場の女性を選んだ理由は、脱北者たちが、彼女たちを蔑むからです。性的な問題に対して脱北者たちは非常に保守的なのです。そこから話を始めたいと思います。

朝鮮人の性意識

二十一歳で、会社勤めをしていた時のことです。私に好意をもっている男の人がいました。私のほうは好きではなかったのですが、仕事の関係から無視することもできず、退勤後、話をしながら家に帰ることが何度かありました。そんなある日の夕方、彼がいつもとは違う道を歩きだすので、どこか散歩しながら話をして家に送ってくれるのかなと思っていたんですが、いきなり茂みの中に連れ込まれてスカートをめくり上げられたのです。何をされているのか分からないまま、私は身を任せるしかありませんでした。いま思うと、

その人もどうすることが正常な性行為なのかも知らずに、友人からの聞きかじりで、「やれば自分の女になる」とでも思っていたのでしょう。当時、性に対する何の知識もなかったことが、いま思い出せば分かります。その時は、ただただ、悲しくて情けなくて恥ずかしかったです。家に帰ってただ泣いていました。ところが、なんとその一回で妊娠してしまったのです。それで、その人と結婚することにしました。とくに地位もお金もない人でしたから、私が結婚のための費用を準備して嫁に行きました。当時、私には気になっていた別の男の人がいたんです。北朝鮮だから、会えば挨拶するくらいしかしていない関係ですが、向こうも私のことを気に入ってくれていたみたいです。私の結婚話に驚き、事実を確かめに訪ねてきたんです。事実を知って彼は「気にするな。僕と結婚しよう」と告白してくれたんです。でも、こんなふうになった自分だから、その話を受け入れることができずに断りました。　ソヒ（서희・41）

二〇〇五年頃から、朝鮮の幹部のために歌やダンスを披露するだけでなく、性的な奉仕までさせられるという「喜び組」という集団が話題になりました。最近では、朝鮮の軍隊で上官が部下の女性に性的行為を迫ることや、生活のために売春する女性が増加しているなどの情報が多く流れています。そのために、朝鮮人は性に対して非常に乱れたところがあるという印象を受ける人がいるかもしれませんが、現実はその逆です。朝鮮人は、性に対して非常に厳しいのです。

朝鮮当局は、性的描写について神経を尖らせています。外国からＤＶＤなどの映像が入ってくることをひどく嫌がるのは、ひとつには外国の発展した文化を人民に知られないようにするためですが、過激な性的描写が流入するのを防ぐためでもあります。最近でこそ、牡丹峰（モランボン）電子楽団の女性たちの服装がミニスカートになったりしてはいるものの、金正日時代は、肌の露出の少ない衣装ばかりでした。ミニスカートへの変更は、金正恩委員長が指示したといわれています。

朝鮮の憲法は「国家は、社会の基層生活単位である家庭を強固にすることに深い配慮を払う」（七十七条）と規定しています。国家を強く建設するためには家庭を健全に守る必要があり、さらに家庭を守るためには、性的な秩序を守ることが重要だと考えているのです。それは女性用下着が入った箱に、実際の女性が身につけた写真は使われない、というほどの徹底ぶりです。

国家による規制が厳しいというだけでなく、朝鮮人一般の意識もこれと同じだと言っていいでしょう。ジョンミンはこんなことを言いました。

ナイトクラブに誘われて行くじゃないですか。お酒を飲んで、踊って。浮気をする気配

が一杯で。資本主義で生きていくなら、浮気くらい自由にするのが普通なのか違うのか・・・どうしろというんだと思いました。ヒョンスク（현숙・42）はこれくらい楽しまないと、といって男と一緒に遊んでましたよ。けど私はね・・・。

ナイトクラブは、酒を飲み音楽が流れ踊り楽しむところですが、韓国では、男女が各々グループで訪れ「遊ぶ」ための相手を探すところになっています。実際に、入ってみると、普通の会社員や主婦の姿で溢れています。ヒョンスクとジョンミン、脱北者たちはどっちのタイプが多いのかを尋ねると「やっぱり、昔のまま。そっちに行く人は韓国人よりも、そりゃ、少ないでしょうね」とジョンミンは答えます。

私の工場で働くユミ（유미・45）とミョンスク（명숙・41）のあいだで「純潔」が話題になったことがあります。日本の若い世代はこの単語すら知らない時代にありますが、朝鮮では普通に残っている価値観です。「結婚するまでは純潔で」ということに対して彼女たちは異論がありません。

ソヒは、韓国の男性が嫌いだといいます。すぐに女に手を付けようとするからだそうです。「宴会なんかでもそうですし、そうでなくてもなにか近くに座るようなことがあると手を握ったり体のどこかを触ったりして」というのです。私も、日本と比べると、韓国にはそんな男性が多いように感じますが、まあ五十歩百歩といったところでしょう。しかし、彼女たちの常識からみるとそれは「嫌」なレベルなのだということです。

そんな脱北者たちですから、夜の仕事、性的な仕事をしている脱北者に対しては、顕著にいやな顔をします。生活支援相談士のチソン（지선・45）は、酒場などで性的な仕事をしている脱北者について、次のように言います。

お金を手っ取り早くもうけるためにそんな仕事についているのでしょう。（売春するような子は）脱北者でも結構な数いると思います。そんな子は知り合いのお姉さんの食堂で働いていますとか言うんです。ちゃんと就職して生きていくために支援も相談も受けるつもりがないので、私たちの前には出て来ないから、実際どうなってるのかよく分からないんですけどね。

日本などでは、性的な仕事をしている人に対して「そんな人もいる」という意見が大半を占めており、市民権を得ていると見ていいでしょう。しかし、韓国でもそうですし、脱北者社会では、それを職業にしている人もそれを見る人も表立って話すことはできない状態です。

再会

私はジョンミンに電話をしました。「あんたの知人で、生活が大変で、酒場で働いているとか売春しているとかしている人いないか？」。初対面でも内面のことまで話してくれる人は知人の紹介でもない限り難しいと思ったのです。

「いますよ」

私の調査をよく手伝ってくれているジョンミンは、事情を説明する必要もなくすぐに返事をしてくれました。

「いちど一緒に病院に行ったでしょ。肝臓が悪くてもう危ないって言ってたちょっとちっさい子。病気は治ったんですよ。あの子は話をするのも上手だから、いろいろ話してくれると思いますよ」

そう言われて、ヒギョン（희경・41）をすぐに思い出しました。

脱北した女性は、慣れない土地での生活の不安や寂しさ、生活の苦しさから、すぐに男性を見つけて一緒に住むことが多くなります。ヒギョンは、三人目の子供を出産して男性と別れてから体の調子が悪くなり、手術を受けることになりました。彼女の子供は三人とも父親が違います。そのことをジョンミンも心配していますが、そんな脱北者は少なくありません。私の知る脱北女性は、父親の違う子供を抱えている女性が半数になるほどです。

朝鮮の人は平均して小柄です。朝鮮での栄養状態がそのまま出ているのでしょう。当時三十七歳だったヒギョンも一五〇センチくらい。病気のためか気も弱り、病院の寝間着が彼女をさらに小さく見せていたのを思い出しました。ジョンミンは電話で会うことの許可を取り付けてくれました。私もすぐに電話をしたら「覚えてますよ。あの時はありがとうございました」。電話口は明るい声でした。その週末、全羅北道の海辺の町に住むヒギョンに会いに出かけることにしました。

土曜日の一時、待ち合わせの駐車場で電話をすると、携帯電話をとってこちらを向き、手を振ってくれました。彼女はこちらに歩いてきて小さなビルの前で立ち止まりました。「こんにちは、こんなところまでようこそ」と再会を喜んでくれました。「ここの二階がお店なんですよ」とビルの階段をトントンと先に上っていきました。

案内されたのは、築二〇年は経つであろう鄙《ひな》びた田舎の店でした。電気をつけても店内は少し暗く、彼女は中央のテーブルに差し向かいに座るように案内してくれました。

ヒギョンは、酒場の女性がよくするように、背もたれのない椅子に背筋を伸ばして座りました。楽な姿勢を取るように伝えると「この方が楽なんです」という返事。「まじめに生きているんですね」と言うと、「そうですかね。でも、一生懸命生きることしかないです」と、少し嬉しそうにしました。その顔を見て、やっぱりこの子も朝鮮の子だなと思わずにいられませんでした。心のなかがそのまま顔に出るのです。

ヒギョンは、最後に付き合った男性の都合で、この海辺の田舎に引っ越してきました。今は下の娘二人と暮らしていて、二〇歳になる長女は車で一時間のところで一人暮らし。アパートの門を出て少し歩くだけで波の音が聞こえる今の住まいが気に入っているといいます。

コッチェビ[*5]

インタビューはいつものような切り出しで始めました。

「聞きたいことは、とくに何かこれって決まってないんです。これまでの人生でいい思い出があれば、まずはその話を聞きたいんです。北朝鮮の国の様子や、脱北者が苦労をしてきたことは知っているので、それを無理に聞くつもりはありません。話したいことは話してもらって、話したくないことは話さなくていいです。好きに話してもらったら僕がそのなかから本にしたいことを選ぶので」

＊5　꽃제비。一九九〇年代後半からの「苦難の行軍」の時期に、孤児となった子供を指す言葉。彼らは闇市や主要駅の周辺で、グループでビニール袋や空き缶を拾ったり物乞いをしながら日銭を稼いでいる。

ヒギョンが話し始めたのは、自分の生い立ちでした。韓国にいる脱北者のほとんどが、日本などでは想像もできない道を歩んできたのですが、彼女は、私の知る限りでもっとも悲惨な道を歩んだ人だと思います。

一九七八年、脱北者の出身地としては珍しく、平安北道の生まれです。[*6] 物心ついたとき、父親がひどい酒飲みだと知りました。電気製品、家具、窯に至るまで、お金に代わるものは次々に酒代になりました。小学校の高学年の時には家には平安はなく、十四歳になったときはその家さえもなくなりました。「コッチェビ」になったのです。

十四歳の時とは一九九三年です。朝鮮は一九九〇年代後半「苦難の行軍」という時期に入ります。周知のとおり、一九八九年にベルリンの壁が崩壊し、一九九一年にはソ連が崩壊しました。社会主義国家が次々と倒れたことが、ただでさえ厳しい朝鮮の経済を圧迫しました。

そこに朝鮮国内で二つの大きな事件が起きました。一つは一九九四年の金日成主席の死亡です。それにより朝鮮社会は大きく混乱に陥りました。二つ目は連続した自然災害です。一九九五年に大水害、九六年は干ばつ、そして九七年はまた水害。

これらの悲劇により、九六年、朝鮮当局は飢饉と経済難を乗り越えるために「苦難の行軍」というスローガンを掲げました。スローガンを立てたところで現実が改善されないかぎり意味はないのですが、朝鮮では人民を鼓舞するためにスローガンを頻繁に掲げます。

結局、その後の数年間に二五〇万人もの人民が餓死したのです。[*7] この数は、実に国民の十分の一に当たります。この時期、国外から見ていた誰もが朝鮮は崩壊すると思いました。家の無くなったヒギョンの十四歳の年はそんな時期だったのです。

家のない小柄な女の子がどんな風に生きていたのかは、想像を絶するものでしょう。ヒギョンは道端で倒れたまま死んでいく人を見ながら「どうせ死ぬなら、一度でいいから、器に盛ったご飯を食べてから死のうと思いました」。国境を越えたのは二〇歳の春、一九九八年のことです。

＊6　韓国に定着した脱北者の七五％以上は、中国と接した咸鏡北道（六〇％）と両江道（十五％）地域出身。一方、同じ中朝国境地域である平安北道と慈江道地域は約三％。川幅の違いによる。平壌出身の脱北者（六九五人）は国境地域の慈江道（二〇七人）の三倍以上。平壌出身の脱北者のうち女性は四四％で、全体の脱北者のうちの女性の割合（七〇％以上）に比べて少ないことがわかった。（自由アジア放送二〇一七年一〇月一一日）

＊7　五〇万人とも三五〇万人とも言われる。ただ、政府幹部であったという脱北者（六〇代男）が、「自分の立場でハッキリと知らないと言うのも申し訳ないが、自分の想像としては二五〇万程度だと思う」と述べたため、ここでは二五〇万という数字を採用した。

中国・北朝鮮国境 鴨緑江断橋 中国・遼寧省丹東市

障がい者の夫

その頃、国境線を越えてくる朝鮮の女性を待っていたのは、女性を売買する中国人ブローカーたちです。外国人を見たこともない素朴な朝鮮女性の多くはこのブローカーに騙されて、中国の内地に連れて行かれたのです。ヒギョンは一杯のご飯を求めてきただけですから、声をかけてきた男性に二つ返事でついていくことにしました。ただ、連れて行かれたのは、黒竜江省の哈爾浜（ハルビン）から、さらに西に一〇〇キロほど離れた田舎でした。彼女も、まさかそんなところに連れて行かれるとは思いもしなかったのですが、それは彼女にとって大きな問題ではなかったのです。

彼女たちの売られ先の多くは、結婚できない中国人男性の家です。幸いなのは、私の聞く限りでは、売られる先の男性が田舎の素朴な人であることが多いことです。性的職業に就かせる場合もあると聞きますが、そのような人で私が実際に会ったのは一人だけです。ブローカーは客の要求に合わせて女性を選び、連れて行くのですが、当時のヒギョンは「コッチェビ生活のためすっかり疲れた顔をしてたと思います。ホンの子供に見えたと思いますよ。ブローカーは、女であれば誰でもよくて、幼いほうが言うことを聞くと思ったのでしょうね、あとで年齢を聞いてびっくりしてました」。連れて行かれた先は、知的障害を持つ三〇代前半の男性のいる家だったのです。

その男性は言葉をあまり話さない人だったので、中国語がまったくわからないヒギョンが男性の障害に気づいたのは一〇ヶ月後でした。その頃にはすでに長女がお腹の中に宿っていたのです。もともとはご飯一杯だけが欲しかった、というヒギョンでしたが、妊娠したことで「この子のために自分も生き残らないといけない」と力が湧いて、二人分生きるために家の外で働くようになっていました。

三、四年も経つと中国語にも困らなくなり、五年目に、韓国に行けるルートがあることを知りました。夫は人としては悪い人ではなかったのですが、知的障害を持つ彼の元にいても将来はないと考え、韓国行きを決めました。

父親が話をしないため、母娘が朝鮮語で会話していたことが韓国に行くことを幾分あと押ししてくれました。それから三年にわたって、ヒギョンは韓国行きのための資金を集めたのです。夫との関係が薄かったことが幸いし、隠れてお金を集めることも難しくありませんでした。

娘が八歳、脱北して九年の時、ヒギョンは娘を連れて韓国に行くことを夫だけに告げました。「夫はさみしそうにしてましたが、私の気持ちを分かってくれたんだと思います。そのことを誰にも言わずにいてくれました」

その時期には、モンゴル経由で韓国入りする脱北者が多くいました。韓国行きを待つモンゴルの大使館で出会ったのがジョンミンです。「ジョンミンがモンゴルについたのは、私の一週間前だったのですが、モンゴルの砂漠を越える時、突然の寒波に遭ったそうです。一緒にきた人で凍傷にかかり足の指をなくした人もいたんです。もし同じ時だったら娘もどうなったか分かりません。ありがたいこと。運なんですよね」と、彼女はこれまでの道のりを話してくれました。特別に誰かの批判をしなかったことが印象に残りました。

友人たちが自慢

「じゃ、良かったことや楽しかったこと、聞いていいですか?」

いきなり私がそんなふうに切り返しても、彼女は何事もなかったように話題を変えてくれました。数秒の間があったあと、朝鮮での話ではなくジョンミンをはじめとする友人たちとの交流をあげました。

「能力も学力も何もない私に、大学や大学院を出た友人がいつまでも仲良くしてくれることです。食事をしたり旅行にいったり。私が自慢できることは何もないんですが、あえていうなら、彼女たちが自慢なんですよ」

ジョンミンたちが積立て貯金をしてグループで旅行に行っていることは知っていました。その中に彼女も混ざっていたのです。韓国でも日本でも女性がよくすることではありますが、厳しい経済状況を考えると、彼女たちはより頻繁に集まっているといえるでしょう。ヒギョンは、最近、軽自動車を買ったそうで、自分で運転してソウルの方に上ることもあるそうです。脱北者たちは旅行が好きです。朝鮮では許可書がないと旅行ができないので、その反動でしょうか。脱北者の好奇心が強いのも影響していると思います。

ヒギョンたちのグループは六人です。「ハナ院」同期の脱北者がさらに二人とジョンミンの朝鮮時代の友人が二人です。脱北者は韓国に入国すると、まず国家情報院でスパイかどうかの調査を受け、その後ハナ院という韓国政府の機関で韓国定着のための教育を数ヶ月受けます。その同期メンバーを「ハナ院○○期」というように呼び合います。

ヒギョンとジョンミンはハナ院の同期生でした。この時期の脱北者には、何千キロもの道のりを何ヶ月もかけて越えてきた人が多いのです。その後、数ヶ月のあいだ一緒に暮らすのです。同期生たちは関係が深く、気の合ったメンバーがハナ院卒業後もたびたび会うようになります。

後日、ジョンミンに「あんたたちのことが自慢だと言っていた」と伝えたら、「あの子、いつまでそんなこと言ってるんでしょうね。もっと自分のことに自信がもてたらいいんですけどね」と呆れたように言っていましたが。自分の身分や立場に関係なく、いつまでも同じように扱ってくれる友人が大切なことはどこの世界でも同じです。そして、朝鮮出身のヒギョンがこのことを最初にあげたのも納得です。

この本で後述しますが、私は朝鮮人の意識調査のため、一人当たり一〇~二〇時間ほどかけてインタビューを行っています。インタビュー回答者には既知の人を選んだので、それまでの交流を含めると彼らと過ごした時間は相当なものになります。その脱北者たちは、いい思い出を「学生の時期の交流」だと語っています。ヒギョンは、朝鮮での学生時代の話はしませんでした。一〇歳の頃から学校に通っていないのですから。

しかし、ヒギョンの答えを聞いたとき、人との交流を大切にしているという点で、彼女も他の脱北者と変わりはないのだと、私は感じたのでした。

幸せです

ヒギョンは友人との交流のことも含めて、今の韓国生活を「幸せです」といいました。

「幸せなんだ。幸せなんですね？」

と、思わず私は聞き返してしまいました。

「はい。幸せですよ。小さいころから苦労したからだとも思いますけど。周りの人が、私のことを一生懸命働くといって褒めてくれるんです。他の人のために働いているのでもなく、ただ、自分のために働いているだけなんですけどね。私を見て、韓国人より北朝鮮の女性がいいから紹介してくれとか言う人がいるんですよ。北の人が私みたいに一生懸命働くと思っているみたいですよね」

人は誰でも褒められると嬉しいものです。ヒギョンのように身寄りのない人はとくにそうでしょう。韓国は儒教の影響で女性の地位が低かったこともあり、その反動で女性が自由を主張する風潮がここ何年も続いています。そんな中、土方仕事でも嫌がらないで一生懸命働く姿は魅力的に映るはずです。とくに田舎ではそうでしょう。ヒギョンは「私が小さいから、チョコチョコしていると余計に目立つのでしょうけど」と笑います。話上手であることも彼女の印象を良くしているのでしょう。また、彼女の住む全羅道は進歩系[*8]の政治基盤であるために、地域の社会主義に対する反発が比較的少なく、朝鮮出身の彼女に対して偏見があまりないことも幸いしているのかもしれません。

「自分のために働いているのに」というヒギョンの言葉。朝鮮では、個人のために働くことは悪であり、党と首領様と国家と人民のために働くことが善です。家族のために働くことでさえ個人的な行為だと判断されます。だから韓国に来て、働くことがそのまま自分や家族の利益になり、しかも褒められるということが、不思議でもあり嬉しくもあるのでしょう。

彼女の今の仕事は日雇いの農作業と夕方の酒場での接待です。周辺の人は彼女の仕事を知っており、彼女もそれをとくに気にせず過ごしているようです。酒場で働きだした動機を聞いてみました。

「農作業だけでは収入が足りないので始めたんです。とくに大きな理由はありません。中国にいる時もしていたんですよね」

彼女はお客に対して媚びないと言い切ります。男性の横に座ってお酌をして話はしますがサービスはそこまで。「それ以上のことを望むなら、他の女の人のところに行ってくれ」と言うのです。

脱北者は自分たちが「思ったことをそのまま口にする」と認めています。日本人から見れば、韓国人も直線的にものを言っているように思えますが、それでも脱北者たちは、韓国人が「飾る」と主張します。正直に話さないというのです。たしかに私にも、脱北者、韓国人と続けて会話すると、韓国人の方がソフトな言い方をすることがハッキリ分かります。

韓国人に直線的に話をしてトラブルになった脱北者は多いのです。「うまく生きていかないとね」と反省を込めて、脱北者たちは言います。ただ、彼らは自分の思いをそのまま述べているにすぎません。相手の意見に反対しても、相手のことを嫌っているのではないのです。脱北者同士では、思ったことをそのまま言うのですが、それで通じあっているようです。「意見が違って、言い合いになりますが、後腐れはないんですよね」と。集会などでは、「やっぱり北の者同士が楽です」と言いながら何時間も大声で話しています。もちろん喧嘩になることはあります。二回ほど、脱北者が喧嘩をしている場に遭遇しました。

＊8　韓国では、革新系、社会主義系のことを進歩系と呼び、ハッキリとした地域性がある。

喧嘩についていえば、韓国人も脱北者もよく似た感じです。同じ民族だということでしょう。

そういった脱北者の特性はヒギョンも変わりはありません。酒を勧める席であってもそのままなのです。そのことを知ってさえいれば、お店でのヒギョンは、気を遣うことのない気楽な話相手だといえるでしょう。

ヒギョンの人となりが分かって話を終えたのは五時過ぎです。

「今度は必ず、ご飯をごちそうしますから」。「ホントなら食事をしてもらわないといけないのに」。彼女は、こんな言葉を四時間のインタビューの間に四、五回は言いました。それは、待ち合わせの約束が十二時だったことが原因です。

私は、最初食事をしながら話そうと思っていたので、十二時十五分前に電話をしたところ、ヒギョンは勘違いをして車で一時間くらいのところにいました。ヒギョンは、時間を間違えたことには、さほど気にするそぶりを見せなかったものの、私に食べるものを用意できなかったことを最後まで気にしていました。これは日本との文化の違いですが、脱北者たちは時間よりも食べ物を気にします。それは韓国人も同じです。とにかく、私を気にかけてくれたことをありがたく思って帰路につきました。

ヒギョンは、私がこれまでに出会った脱北者と同じ種類の人で、なんの違和感もなく話ができました。話を終えて「拍子抜け」した感じがするほど、他の脱北者と同じ印象だったのです。父親がアルコール中毒の故に乞食になり、中国で障がい者の家に身を売られ、韓国に来てからも夫と別れ、女性一人で三人の子供を育てなければならなかった人としては、ヒギョンはあまりに普通であり、かつ立派な人でした。

帰り道、思わず「ちょっと優等生過ぎるなぁ。もう一人、行かないとな」という言葉が口をつきました。この時点では、ヒギョンが、特別に素質がよかったのかもしれないと思わざるをえなかったのです。

「全く知らない人に当たるしかないな」

ただ、知らない人だと、心を開いて話してくれないのでは、という心配も浮かびました。しかし、二時間の車の中で、すぐに見つかるという確信めいたものも浮かんできました。これまで出会ってきた脱北者との交流から、彼らはこちらの姿勢次第で、受け止めてくれると感じていたからです。

ノレバン・トウミ

その女性をノレバン（노래방＝カラオケ）で探すことにしました。ノレバンなら売春と

いっても比較的オープンなイメージがあるからです。韓国にはノレバンがざっくり分けると二種類あります。酒を提供する店とそうでない店。酒を提供する店は、通常「トウミ」[*9]と呼ばれるコンパニオンのサービスを受けることができます。トウミとは、サポーターという意味です。女性のサービスは、性的サービスまで行う店と単純に楽しく過ごすためのコンパニオンの役割をする店があるようです。ある程度の規模の繁華街にいけばトウミのいる店は普通にありますが、性的サービスを提供する店かどうかを判断する能力は私にはありませんでした。もちろん、売春は違法行為です[*10]。

そこで私は、ソウル西部の繁華街に行って店に入り「北朝鮮の女の子はいますか？」と聞いて回りました。私にはそれしか方法がなかったのです。

一軒目はノー。二軒目もノー。三軒目で「いるのはいるんだけど、最近はあまりこないですね」という反応。都心の繁華街に移って探したものの、やはり最初の四軒はだめでした。一〇分程度うろついて五軒目。鏡張りの扉を開くと四〇歳くらいの店長らしき人がいました。「ウチの店にはいませんが、呼ぶことはできますよ。電話してみましょうか？」という返答です。依頼するとさっそく電話してくれましたが、彼女は出ませんでした。

「お客に入っているんだと思います。待たれますか？ただ、いつになるか分かりませんよ。すぐ終わるかもしれないし一時間かかっても終わらないかも。うちで待ってもらって結構ですよ」

ノレバンで客が女の子を気に入ると、モーテルに行くことになるため時間がかかります。電話に出ないということはその可能性もあるということです。その店の料金は、一人なら二時間で二十五万ウォン（約二万五千円）。トウミへのチップは別です。

「じゃ、十五分だけ待って、返事がなかったら帰ります」

普通のカラオケとしてなら一〇人程度が余裕で遊べる大きい部屋に入って、ゆっくり奥のほうに進み赤と黒と金色が基調の派手な装飾を見回してふっと息をついて席についた瞬間、部屋のドアが開き「返事がきました。すぐ来ますよ」と店長が笑みを浮かべました。

「もう少し狭い部屋に移りましょう」と言われたので、店長に二十五万ウォンを手渡して移動しました。

ビール六本とウイスキー一本が運ばれてきて「酒は飲まないけどな」とか考えていたと

＊9　トウミは違法のサービスなので実態は把握されていない。二〇〇四年に売春宿を閉鎖させる性売買特別法が成立したため、表に出ていた産業が地下に潜ってしまい、さらに実態がわからなくなった。
＊10　韓国はかつて、駅前などで、ガラス張りの部屋を設けるなどして公然と売春が行われていたが、売春防止法ができて違法となった。

き、胸の空いた黒い服に短いスカートの女性が、ドアを開けて入ってきました。

「アンニョンハセヨ?」

「ネ、アンニョンハセヨ?」

私は、自分の横の席を右手でポンポンと叩いて、ここに座るように、と彼女に伝えました。こういった店では客が女の子を気に入らなければ「キャンセル」できます。そして「別の女の子に変えろ」となります。キャンセル料があるわけではないので、客は気に入らないと簡単に断ります。私は「北朝鮮の女性で、三〇～四〇歳程度の人」と言ってあるので、該当する人なら断る理由はないのですが、彼女は安心した様子で近寄ってきました。彼女たちトウミは、店からの月給制度で働いているわけではありません。客からもらうお金が稼ぎです。タリムの場合は、所属する店で借金をし、その借金の返済と一日当たり三万ウォンを払いながら働かせてもらっている立場なのです。

彼女が座って最初に私がすることは、彼女が朝鮮の子かどうかを確認することでした。

「故郷はどこなんですか?」

「恵山[*11]です。両江道の恵山。オッパ、知ってます?」

オッパとは、実兄、従兄、男友達、夫など、女性が親しい年上の男性を呼ぶときに使う言葉です。酒場で男性を呼ぶときもほとんどオッパを使います。

「恵山なんだ。そこから来る人多いよね。いつ韓国にきたの?」

「二〇〇八年です」

「じゃ、十年になるよね。年齢は?」

「三十三歳。金正恩と一緒、ふふ」

「どうやって来たの。タイとか?」

「モンゴル経由ですよ」

ハナ院の話まで突っかかるところなく答えたので、偽脱北者ではなさそうでした。次に彼女の名前を聞きました。「タリム。店でつけるんです」。彼女と正直な話ができるようにと思って慎重に言葉を選びながら話を続けました。

「僕、北朝鮮の研究のために韓国に来ていて、いろいろ話をしてくれれば嬉しいんだけど。セックスしにきたんじゃないので。でもチップ必要でしょう? いくら払えばいい?」

自分の言葉と部屋の装飾が合わないと思いながら話している私の顔を正面に見て、タリムは「じゃ、五万ウォンくれます?」と言いました。財布を広げて五万ウォン札を渡すと

＊11 恵山市(ヘサン/혜산시)は、北朝鮮・両江道の道都。鴨緑江に面する中国との国境の町。鴨緑江がこの周辺では狭くまた浅くなっているため密貿易が盛んである。脱北者もこの地の出身者が多い。

「オッパ、歌いますか?」と聞くので、私は「女の子の歌を聞くほうが好きなので歌ってくれない?」というと、得意そうに「歌はちょっと上手いんですよ」とリモコンを操作しはじめしました。

まず一曲歌ってくれて、そのあと私が二曲歌いました。一曲目は韓国の歌、二曲目は日本の歌です。「北国の春」。ポチョンポ音楽団[*12]が歌っていたため、ほとんどの脱北者はこの歌を知っています。そして日本の話題で盛り上がりました。

「私、日本は好きですよ。北朝鮮ではアメリカと日本を敵として教えるけど。旅行に一度だけ行きましたけど、日本人は親切でしたよ。言葉はわからなかったけど、ははは」

その後「大学は卒業して働いてたんだけど、食べ物がなくて中国に渡った」ことなどを三〇分くらい話しました。ウェイターが果物をもってくると、彼にチップをあげてくれとタリムが言います。さらに「もう一人、北朝鮮の女の子を呼んでいい?」とタリム。トウミが二人になると話が分散するので断るつもりで話をそらせましたが、三〇分くらいして、また「呼んでいい?」と尋ねます。

「最近、こっちに来たばっかりの子なんです。二歳下で私と違って女らしくて。景気が悪くてあんまりお客さんいないんです。私にもう五万ウォン、その子にも五万ウォンあげてください」

私は、その後もタリムに会うために、気分良く接してもらわないといけないので、友人が来ることを承諾しました。タリムが電話をしてから五分もしないうちに、ジウン（지은・38）がドアを開けました。三人になったので重い話はなくなり、普段の彼女たちの行動があらわれました。彼女たちは腰を振りながら歌ったり、「太って来た」といってわざとシャツをめくってパンツを下げたり、ジウンの胸を触らせようとしたり。彼女たちが楽しそうに大声で笑いながら時間が過ぎていきました。

リミットの二時間が終わるころ「二次会に行きます？」とタリムが聞きました。ホテルに行くのか、ということです。「お金いくら必要なの？」と聞いてみましたが、そこで「しない」という私の言葉を思いだしたのでしょう。「え？ 行くんですか？ 行かないでおきましょ」と、タリムが言い直して、その日の遊びはお開きにすることになりました。「今度、食事を一緒にしよう」と電話番号を交換して、彼女たちは部屋を出ていきました。

店を出たのは私が先です。彼女たちは店で服を着替えてから外に出ます。少し離れたと

＊12 一九八五年発足。北朝鮮においては最先端を行く音楽グループ。電子楽器を多用し、若年層を中心に高い人気を誇った。日本での公演も行っており、その時に日本の曲を披露した。北国の春、青い山脈、みちづれ、など、日本の曲のなかでも、家族や希望や出発などをテーマにした曲を当局が選んだと考えられる。

ころで店の出口を見ていると、丈の長いコートを着た二人がなにやら話をしながら出てきました。そして、タリムがジウンの手を引いて、私と反対のほうに少し速足で歩いていきました。

誕生会

タリムが仕事に行く前、食事をすることを約束したのは木曜でした。カトク（日本でいう「ライン」相当のメッセージ・アプリ）でメッセージを送り、電話もしましたが、やっぱりタリムは待ち合わせの時刻には遅れてきました。

彼女たちの勤務時間は、夕方五時くらいから朝方三〜四時です。毎日酔っ払いの相手をして帰り、そこから眠るのですが、十分に眠れないとのこと。昼間に何度も目が覚め、二時頃には起きて、シャワーを浴びるなど準備して店に出かけます。生活が不規則になり、昼間のことはいい加減になってきます。彼女が脱北者であることも加えて考えると、約束の時間にきっちり現れるとは思っていませんでした。

四時頃に会う予定でしたが会えたのは五時。店用の派手な化粧と不釣り合いの着古したトレーナーにジーンズ姿でした。五時半には店に出ないといけないと聞いていたので、私が一緒に店に入ることに変更してもらい、六時過ぎまで定食屋で食事をしました。彼女

深夜0時ごろ。ノレバンの主人から、呼ばれて、自分の所属する店から他の店に移動するトウミ。ホールの服を持って歩いている。

の店は先日会った店ではなく、そこから歩いて三分くらいのところ。ノレバンが三つある小さなビルの二階です。先日の店よりも設備は古く部屋も比較的小さめで、「この店なら、自分から入らなかったなぁ。あの店に入って会う縁だったかな」とか思って入店しました。

「ホール服に着替えなくてもいいでしょ?」

その気がないことを分かってくれていて、前よりも気楽な態度でした。それはありがたいのですが、タ

リムは、強制的に女の子を呼びます。ジウンとソヨン。ソヨン（소영・35）は韓国人で「トンセン（妹）です」と紹介されました。やはり五万ウォンずつ払うようにタリムが言います。この先、タリムと付き合っていくと五百万ウォンくらいは、なくなるだろうと覚悟しました。

ただ、韓国人ソヨンが来てくれたことで、韓国人が脱北者タリムをどう思っているか聞くこともできました。

「オンニ（姉さん）は、このあたりでエースですよ。オンニにくっついていったら、（お客を）適当にさばいてくれるんです。他の人といるよりは楽なんで一緒にいるようにしてます」

この日、女の子たちは、自分たちの苦労話を聞かせてくれました。酔っ払いの客が、女の子に対して礼儀正しくすることはありません。また、目的が歌ではないので一人で来店する客も多く、あまりにも酷いと女性側から断ることもあるそうです。そんな男たちを相手に、気分を悪くさせず、また言うなりになることもなく、交渉しながら仕事をしなければなりません。ホールでおしっこを漏らす男を相手に、おしぼりで拭いてセックスをすることもあるとか。「お金を儲けるために、そこまでするのは大したもんだと思います」とソヨンが他の店のトウミについて言いました。そのあと、彼女たちに何度も会うことになりますが、トウミたちの話題の九割は、男性の態度の悪さとお金のことです。

その日、タリムが教えてくれたのは、本当の年齢が四〇歳であること、韓国に来た当初は会社勤めをしていたこと、この仕事をして四年目になること、次の週の月曜日がタリムの誕生日だということです。まもなく誕生日がくるということは、私にとって好都合でした。

タリムの誕生日、私は彼女を車に乗せて海産物の店に行きました。私の車でタバコを吸うのは彼女が初めてでした。タバコの煙と吸い殻は窓の外に捨て「オッパといると気が楽です」というのです。海産物の市場に隣接する店で刺身と鍋。タリムはご飯の代わりにビールを飲みます。トウミたちは仕事のときでなくてもお酒を飲んでいます。軽いアルコール中毒なのでしょう。

どこに行っても物怖じしないのがタリムの特長です。そのことを「わたし、どこにいってもエヘヘでしょ」と表現します。私のみた脱北女性の特長でもあります。命を懸けて韓国までできた道のりを考えたら納得もできますが、それだけではないと思っています。とにかく、タリムはどこでも変わらず、自分のスタイルのままに振舞っているように見えます。

店に出勤する準備があるので、四時前に彼女を家に送って、その後九時に店に行くと約束をしました。タリムの誕生日のお祝いを店ですることになっていたのです。

九時に行くとタリムが店で待っていました。部屋には、ジウンとソヨンが用意したケー

キがあり、やがてもう一人の脱北女性ヒョジョン（효정・39）がやってきました。同じ店の韓国人ウンジュ（은주・38）もタリムは呼びました。私も含めてそれぞれが、タリムに用意したプレゼントを渡し、ピザや刺身の注文をし、ビールとウイスキーを飲んで踊りました。

「こんな誕生日を迎えられたのは、ここ（韓国）にきて初めてです」

タリムは涙を浮かべていました。最近になって、ジウンとヒョジョンがこの街にきたのですが「二ヶ月前までは、脱北者は自分しかいなかったんです」。やっぱり寂しかったんだと思います。他にいなかったのか、と聞いてみたら、同じ地域に居たら噂くらいは入ってくるといって否定しました。

賄賂の分配

タリムは、韓国人の女性たちと自分たち朝鮮人との違いを口にします。その違いは、集団主義・個人主義という言葉で説明してしまうのが一番簡単だと思います。脱北者からみれば、朝鮮で教えられた通り、韓国人の個人主義は利己主義で、実際に韓国人からそれを感じるのです。歓楽街で働く女性たちは、金銭的に困窮している人が多く、金儲けが最も重要であることは間違いありません。それはタリムも同じです。しかし、それと同じように大切なのが一緒にいる仲間であるというのがタリムたちの思いなのでしょう。

朝鮮では、全体の平和・発展のために個人が犠牲になることを正しい道徳として教えます。個人の利益を優先させず、自分と共にいる仲間のために行動するということは良心的に引っかかるものがないので、彼らもそれをすんなり受け入れています。強制的にではあっても、そういう生活に慣れてきた彼女たちは、まず自分の利益を考える韓国人のことを良く思えないのです。


さて、誕生会のあとモーテルに部屋をとり、もう一度集まることになりました。午前一時。月曜の一時になると街行く人もまばらになり、早めに仕事をあげる女の子が多くなります。タリムはモーテルの部屋の床に座り女の子たちに電話をしはじめます。集まったのは誕生会の四人、さらに中国の頃から知り合いの朝鮮族の女性も加わりました。タリムは、この女の子たちにもう一度チップをあげてくれと言います。女の子たちはさすがにもらえないといって断るのですが、それでもタリムは私に「あげろ」といい女の子には「うけとれ」といいます。最終的には、三万ウォンずつあげることになりました。

その後、何度か、タリムと他のトウミと会う機会を持ちますが、タリムは私がある程度はタリムの言いなりでお金を出すということを感じていたはずです。また、その財源は底なしではないことも知っています。そうであれば、自分がお金に困っているなら、他の女の子に渡るお金を自分のものにしようとしても不思議ではありません。でも、タリムは、最後まで同じ境遇の女の子にも渡るようにしたのです。

我々は、朝鮮は、賄賂が横行する国だと聞いています。ただ、その割には上下の秩序がある程度保たれているようです。彼らは、賄賂も「分配」するのです。たとえば、朝鮮の学校では親は校長先生に賄賂を渡します。学級の編成をみれば誰が渡したかも大筋は分かるのです。だから、どれくらいの賄賂が校長の手元にあるかも想像がつきます。平等に分配するのか多少の差があるのかは場合によるのでしょうが、基本は「共産主義」に基づいて行われるといいます[*13]。

タリムの場合、私が賄賂を渡す側で、タリムがもらう側です。自分だけが受け取るのではなく、他の女の子にもわたるように彼女はするのです。「お父さんがそういう人だった」と彼女はいいます。私がわたす金額は、タリムが一番多く、他の人は均等です。あまりに際限なく女の子を呼ぶので「僕が呼んだんじゃないんだから、お前が自分で払え」と言ったこともあります。その時は払いません。あくまで私も人間ですから。

借金返済

トウミたちは生理の日には休みます。「今度の生理の日に、海に連れていってください」とタリムが言いました。「車を持っているというのはウソで、じつは借金のために売ってしまった」んだそうです。

タリムの手には大きな傷があります。脱北者は傷がある人が多いのです。脱北の途中で傷を負った人もいれば、拷問を受けた人もいます。私は、車を運転しながらタリムに傷の理由を聞いてみました。「自分でやったんです」という返事でした。

「(実の) 姉さんが死んだとき、悲しくて悲しくてやったんです。あんまり悲しくて、切っても痛くなかったので、そのまま泣きながら壁にもたれて座っていたんです」

血を流しながら座っていた時間がどれくらいだったのか、タリムははっきり覚えていません。大声で泣いているのを聞いていた隣のおばさんが、心配で部屋を訪ねてきて、それで助かったのだそうです。耳にピアスの穴をあけるのも怖いというタリムです。悲しみの

＊13　地域や時代によって差があり、証言が異なる。賄賂を受ける側の人が証言者に少ないため正確なことは不明。少なくとも、餓死者が出るまでの時期、つまり金日成時代には、分配の文化はあったと考えられる。「分配する」と明言する韓国の学者もいる。

大きさがどれほどだったでしょうか。

タリムは四人きょうだいの末っ子で、現在、韓国に来ているのは本人だけです。タリムはお金を用意して、姉を韓国に呼ぶつもりでした。生意気だったタリムは、小学校の頃から三歳年長の姉さんに楯突いていたといいます。喧嘩をしてもいつも最後は赦してくれた姉さんになんとか恩返しをしたいと、姉さんを脱北させる計画を準備したのです。

しかし、脱北の途中で中国当局に追われ、逃げているときに大怪我をしてそれがもとで亡くなったのだそうです。「結局私は、姉さんには何も良いことができなかったんです」。あっさりした話し方が余計にさみしげでした。


お母さんもこの世にいません。お母さんは、別のルートで中国の親戚のところまで来て、病気にかかってしまいました。中国で手術をすることになったのですが、問題は手術代の支払いです。朝鮮人の手術費用は、保険がきかず、また請求額も妥当かどうか確認する術がありません。タリムは中国に渡って、お母さんの面倒を二ヶ月みました。家族の中で、そのお金を準備できるのはタリムだけでした。

その後、韓国に戻りましたが、お母さんを世話してくれる人に迷惑を掛けられないといって、その人たちにもお金を送っていたのです。急なお金は借金することになりましたが、韓国に知人がいない状態で借りられるのは社債、いわゆる闇金融だけでした。

それが、タリムがトウミを始めた理由です。病気が治って歩けるようになったら韓国に呼ぶつもりで無理したものの、結局タリムの思い通りにはなりませんでした。お母さんは手術後の経過が悪く、その二年後に亡くなったのです。その期間、ずっとお金を送っていたのです。

タリムは具体的な借金の金額までは話してくれませんでしたが、あと一年で返済が終わると言っています。ただ、最近の韓国経済の停滞が今後、どんな影響をもたらすかはわかりません。毎月六百万ウォンは稼がないと追いつかないそうです。ちなみに、今の韓国サラリーマンの平均月収は、三百万ウォン以下です。

酔っぱらい

タリムはとにかくビールを飲みます。どの店に入っても最初にビールを注文します。「お酒を飲むと忘れられるから」。酒を飲む人がよく使うセリフです。ただ、焼酎を飲まずに軽めのビールを頼むところをみると本来、酒が好きなわけでもないのでしょう。

「こんな仕事を好きでやっている人なんかいませんよ。一生懸命生きていくしかないんです。もともとセックスが好きでやっているのではないですし」

「でも、やるんなら、モーテルにいくよりも、ノレバンでやるほうがいいんです。楽しくやるほうがやっぱりいいんです」

昼間から飲んでいるので、夜に会うとさらに酒が回っています。同じことを繰り返し言うし約束もすぐに忘れてしまいます。典型的な酔っ払いですが、そんな酔っぱらった状態でも人に気を遣っていることが分かります。

タリムのノレバンの近所には、彼女の行きつけの食堂が何軒かあります。仕事が終わって他のトウミたちと一緒に食事をすることが何度かありましたが、タリムは食堂のおばさんに「オンニ」「イモ（おばさん）」と大きな声で挨拶をします。他のトウミたちはそうでもないのですが、タリムは店のおばさんに近所の知人のように話しかけるのです。遅くまで働く年配のおばさんにはチップをよく渡しています。おばさんたちは、タリムが何の仕事をしているのかある程度は知っています。お金に苦労していることを知っているだけに、「いらない」、「あげる」というやり取りはここでも行われるのです。

タリムの親戚は、韓国に来ています。お母さんが亡くなったあとに、韓国に入国したのです。その人たちにお金の相談をして借金を一旦返し、低金利の借金に変更するのも方法なのですが「まだ、韓国に来て慣れてもない時期だったし迷惑がかかるから」と言って、借金のことは伝えていません。朝鮮人には、他人に迷惑を掛けるのを嫌うところがあります。さらに、犠牲を強いてきた教育の影響で「自分が犠牲になれば」という意識が強いのもあるようです。

ただ、タリムの現状が非常に苦しいのはハッキリしています。他のトウミと同じく、自分の仕事のことは家族・親族には伝えていません。そのうちに知られる可能性は高いのですが、それでも必死に隠しています。親族はともかく、同期の脱北者でさえ知りません。夜昼が逆転している生活をしているのですが、普通の人が訪ねてきたらその時間帯に合わせて起きるようにしているらしいのです。

仕事で儲けたお金は借金返済に消えていくので派手な生活はできていないのも、タリムが夜の店で働いていることをカモフラージュする役にたっているのでしょう。アクセサリーもつけていないし、二本のジーンズ姿しか見たことがありません。仕事が終わって午前三時ごろに会うと、定食屋でご飯を一緒に食べ、そして酔っぱらって帰っていきます。

また、自分のものは買わないくせに、親戚の子供に小遣いを渡したり、会食の費用を払ったりしているようです。参加しなかったら出さなくてもいいお金です。知り合いがいると行きたくなるのか、どうしても行かないといけないのかは分かりませんが。自分の一万ウォンは惜しむくせに、人には五万ウォン出しています。そのために借金をして堂々巡りです。

「自分を大切にしないと」と私がいうと少しさみしそうにしていました。

タリムと会っていたのは秋から冬の二ヶ月半。彼女は何事も隠さずに話してくれたでしょう。私は、トウミとしてのタリムに出会い、また化粧をせずセールで買った服を着た普段のタリムとも話をしてきました。私に対しては、他の人のように隠さないといけないようなことはなかったはずです。この期間、タリムを十分に感じることができたと思います。

最後に、少しさみしい出来事がありました。いつもタリムと一緒にいたメンバーたちの多くが他の地域に移ったのです。経済が冷え込んでくると、タリムたちの仕事はそのまま影響を受けます。冬になったこともありますが、道を歩く人の数が極端に減ってきたのが分かります。そのため、タリムの仲間たちは客を求めて他の街に移って行ったのです。一緒にいるときに、タリムが世話をしてあげていたトンセンたちも、背に腹は代えられず移動していきました。

「オッパの知っている子は、ウンジュだけしかいなくなったんですよね」。タリムは、お金の貸し借りのある店長の都合でこの町に残らないといけないのです。さみしそうでした。「みんなヨウ（狐）なんですよね」。狐は裏切りの代名詞です。出て行ったトウミたちに裏切ったつもりはないはずですが・・・しかし、身内のように思っていたトンセンが自分をおいて出て行ったことが、とても辛かったのでしょう。
タリムも、私がイメージする脱北者と同じ女性でした。人懐っこくて、果物なんかを口に運ぶ動作や、肩をたたいて笑ったりするのも、酒の席だからというのではなくて、習慣のように自然でした。

韓国で作家として活躍しているスネ（순애49・女）は、私が信頼している脱北女性の一人ですが、彼女にこの本を書く前に「北朝鮮の人の最大の特長は、人が好きなことだと思うんです」と確認してみました。彼女は、嬉しそうに大きくうなずきながら「韓国人は二面性があるんですよね」と言いました。「北の人は、人との付き合いに警戒心や壁がないんですよ。そのまま信じるんです」

タリムは「私は、頑張って生きていきます」とよく言っていました。でも、一度、酔っぱらってこうも言いました。「北朝鮮に残っているオンニが死んだら私も死ぬんです」と。孤独を感じたときは、人は本当に辛いものです。

第三章

朝鮮の学生生活

脱北者へのインタビュー

この章では、おもに朝鮮の学校教育について、脱北者にインタビューした結果を紹介したいと思います。

一般に、脱北者は朝鮮の体制には反対していますが、故郷を全面的に否定することはありません。「自分のふるさとを悪く思う人がいますか?」（ソンヒ　선희・41）これが人間の自然な感情といえるでしょう。

ところが、前述したように、脱北者は、インタビューの時などでは、正直に答えていません。基本は、朝鮮のことを否定的に述べています。その理由は、韓国での（韓国に限らず他の多くの国家でも）脱北者に対し、朝鮮当局を糾弾する内容や、脱北者の他国での定着に対する問題点を調査するものが多いためです。回答者である脱北者もそれにあわせて否定的な意見を述べるのです。その理由を考えてみたいと思います。

一つは、脱北者は、朝鮮での生活において朝鮮労働党の命令を絶対視して生活してきたということです。党の命令に反対すれば、懲罰を受けます。そのため、彼らは本人の意志とは関係なく、体制に合わせて自分の意見を述べてきたのです。その習慣は韓国に来たからといって、簡単に変わるものではありません。公の機関であればあるほど相手の意図に合わせて答えようとするのです。つまり、韓国政府や研究機関などが、朝鮮に対する批判的な質問をしてくる場合は、その傾向に合わせて答えるのです。

二つ目は、韓国人が全体的に、朝鮮に対して否定的な態度をとっているということです。脱北者は韓国で差別を受けていると感じています。そうなると朝鮮に関する質問で朝鮮を肯定することを答えたところで、自分の立場を悪くするだけでメリットはない、と判断しても何の不思議もありません。

三つ目は、右の二つとは少し視点が違うのですが、脱北者が否定的なことを言う原因として「生活総和」が考えられます。生活総和とは、朝鮮の制度の一つで、週に一回程度行われる、他人を批判する集会のことをいいます。必ず誰かの批判をすることが求められ、批判を受けた者は、それについて自己批判、あるいは弁解を述べなければなりません。

脱北者は、この影響も少なからず受けていると感じます。私が見る限り、脱北者が何かの意見を述べるときには、韓国人よりも否定的な観点が幾分目立ちます。彼らは「正直」「直接的」という言葉を使いますが、相手に対する否定的な意見を怖がらずに言うのです。

肯定的な話を得るために

これら否定的な内容になりがちな脱北者とのインタビューを避け、肯定的な彼らの魅力を知るために「朝鮮にいたときの一番良い思い出を教えてください」という質問を選びました。ですが、話を続けるといつのまにか否定的な体制批判になってしまうことも多くありました。その場合にも、無理にその話を途切れさせることはしませんでしたが、「体制批判ではなく、個人的ないい思い出を語ってほしい」ということを再度伝えて話を続けました。

また、私は、一般によく用いられているような、多数の人間にアンケートを取るという方式は基本的には採用しません。特に、脱北者に対してはそうです。今回私が取った方法は、既知の間柄の人も含めて、少数の脱北者に長時間（一人あたり一〇〜二〇時間）インタビューをするという方法です。アンケート形式で多数に当たる方法は、普通、深い話を聞くことはできませんし、さらに、脱北者から肯定的な体験を引き出すことには全く効果がありません。対話を通して、彼らも気がつかないような肯定的な部分にスポットを当てていく方法が最もいいと判断しています。

また、話を聞く前提として次のことを伝えました。「数年後、北朝鮮が解放されたら、北朝鮮地域で、朝鮮人民の中に韓国人や外国人が少数混ざって活動するようになる。その際に、外国人が知っておくべき北朝鮮人の長所を知るために話を聞きたい」。これは、韓国のためではなく朝鮮のためのインタビューであると告げ、より積極的な意識を持ってもらうためです。もちろん、私にもその意識があるからです。

インタビュー回答者

インタビュー回答者としては、「一九九五年前後までに、朝鮮で高級中学校（高等学校水準）教育を受けた者」七人を選びました。

このような条件をつけたのには理由があります。

まず、人の主体性や思考回路は青年期に発達し、二〇歳前後にはある程度確立するということです。したがって、朝鮮人の特性について調査するうえでは、少なくとも二〇歳前後まで朝鮮国内で暮らしていた人を対象としたかったのです。

次に、一九九〇年代後半の「苦難の行軍」が朝鮮を大きく変化させてしまったことです。その時期、前述のヒギョンが乞食生活を強いられたように、朝鮮全体が混乱していました。そのために、この時期以降は、朝鮮当局の政策全てが崩れだし、教育制度も大きく変化したのです。この時期の前の世代と後の世代では、人生経験に大きな違いがあるのです。一九九四年に金日成主席が死亡していることも、独裁政治体制の国家に大きな変化をもたらしました。

「苦難の行軍」に関して、私の所属する北朝鮮開発研究所のキム所長は「北朝鮮の文化的背景の違いを述べるなら、苦難の行軍の時期が境界線で、それ以降の金正日と金正恩の時期は同じと見ていい」と述べています。四〇代の脱北者に聞いても、三〇代よりも若い年齢、満十歳頃に「苦難の行軍」期に入っていた世代は、自分たちと異なると言っています。一九九五年前後までに高級中学を卒業した人というのは、一九七〇年代後半までに生まれた世代に当たり、現在四〇歳以上の人ということになります。また脱北者の多くは、中国で数年を過ごしてから韓国に入国しています。たとえばジョンミンは、一九七七年生まれ、二〇〇〇年脱北、中国で六年を過ごし二〇〇六年入国、満四十一歳です。

最近韓国に入国した若い脱北者とも交流があります。私の印象としては、多少の違いは感じられたものの、著しく傾向が異なるというほどではありませんでした。ただ、本人たちが感じる違いは、存在するのでしょう。詳しいことは今後の課題にして、今回は、一九九五年までに教育を受けた脱北者を中心に共通点を探していくことにしました。

また、次にあげるインタビュー回答者は女性です。女性と男性の違いはあるでしょうが、最初に女性を中心に傾向をまとめることを目的としたインタビューなので、それを軸に紹介していきます。それ以外に男性の話もあり、必要にあわせて追記します。

インタビュー回答者を紹介します。

＊記述の内容は、順に、名前、年齢、出身地、現居住地、脱北年、入国年、北での生活状況・脱北当時の家族構成、韓国での状況、韓国での家族構成。

＊ABCは上層・中層・下層を表示。朝鮮での身分／経済。A／Aは、身分も経済状況も良いということ。C／Cは両方が悪い（筆者判断）。家族構成は脱北した当時。脱北年度は、中国に最初に出た年。逮捕、再入北した年度は不記載。未婚、既婚は、現在の状態。朝鮮や中国で既婚でも、韓国入国後、独身になり結婚経験がない場合は未婚。夫と同居の場合、婚姻申告に関係なく既婚。

ソンヒ（선희）41歳、江原道、ソウル、二〇〇〇年、二〇〇四年
父が貿易（密輸）商、両親・兄、C／A
福祉関係個人事業主、人文系修士、
未婚、子女無

ジョンミン（정민）41歳、咸鏡北道、仁川、二〇〇〇年、二〇〇六年
在日朝鮮人二世、体育を専門に教育を受けた運動選手、両親・兄姉妹、C／B
家庭主婦、人文学系学士、筆者工場勤務経験者、
既婚、子女無

ミョンヒ（명희）42歳、咸鏡南道、京畿道、一九九七年、二〇〇六年
父労働党党員、母教員、本人社労青委員長　両親・姉妹、A／C
機械製造会社勤務、

既婚、娘1人
ミンジ（민지）43歳、咸鏡南道、京畿道、二〇〇二年、二〇〇七年
父労働党幹部、両親兄妹、A／C
機械製造会社勤務、人文学系修士課程、
未婚 子女無
スンボク（순복）50歳、両江道、ソウル、二〇一四年、二〇一四年
平壌市内大学卒、教員、両親・兄姉兄妹、B／B
非営利団体勤務、
未婚、息子1娘1
ミファ（미화）48歳、咸鏡北道、京畿道、二〇〇〇年、二〇〇七年
父保衛部幹部、祖母、両親・兄妹、A／A
人文学系修士、個人事業主、筆者工場勤務経験者、
既婚、息子1娘1
ヨヌン（연은）42歳、咸鏡北道、ソウル、一九九九年、二〇〇六年
小学生時両親他界、兄姉、C／C
個人事業主、筆者工場勤務経験者、
既婚、息子3娘1

朝鮮では、出生によって「成分」という身分が分かれています。三大階層五十一個分類といわれ、細かく区分されています。本人の努力によって、上がることもありますが、そのような例はほとんどないとみていいでしょう。また、成分が良いからと言って、暮らしが豊かともかぎりません。下の成分の人が闇貿易で儲けたりすることもあり、逆に、上の成分の人は真面目に党の指示に従っていて貧しいということもあるのです。

インタビュー結果

「朝鮮にいたときの一番良い思い出を教えてください」という質問に対しては、「学校生活のときの友人、先生との関係」という答えが最も多くみられました。そこで、おもに学校生活に焦点をあて、そのうえで家族、地域生活の話も加えていくことにしました。

学校の日程および専門教育

朝鮮での義務教育は、幼稚園の年長組一年、小学校五年、初級中学校三年、高級中学校三年まであり、卒業する年齢は満十七歳です。基本的な科目は、日本や韓国と変わりあり

2003 年訪朝の時の写真。平壌の郊外で、車の同乗者が、トイレに行きたいといいだし、仕方なく近くの公民館のような建物に立ち寄ったとき、偶然に小学生たちが集まっていた。本来、一般の学生が外国人と会うことはないので、案内員たちは少々困惑していた。まだ食料難が続いていた時期であるためか、ぽっちゃりした感じの子供はいなかったが、田舎の純朴そうな子どもが、きっちり並んで座っていて、緊張しながらも私に関心を示し、みんな笑顔で対応しくれた。私が韓国語を話すので、少し会話をして写真を撮った。脱北者が、この写真をみた瞬間「これは、地方の子ではないですね。地方の子ならもっとやせ細っているし服装ももっとちゃんとしていない」と言った。1998 年、初めて北朝鮮に行ったときは、平壌の街中でも、夕方になると電灯がともらず、真っ暗で、悲惨な雰囲気すらあったが、2003 年には、比較的街の雰囲気は良くなっていた。

ません。ただ、歴史は朝鮮の革命歴史を中心に教えられます。平壌などでは英才教育のための学校もありますが、多くの学生[*14]は、次のようなカリキュラムにそって教育を受けます。

朝鮮は、基本的に男女で学校が分かれています。共学であったとしても、男子と女子でクラスが別々であることが多いようです。ただし「混合組」だったという人もいて、その点は地域の事情によって違っています。最近は共学や「混合組」が増えています。

授業時間は、小学校は一日平均五時間。一科目四十五分で休憩は一〇分が原則です。中学校は初級中学が六時間で、高級中学は七時間。授業はふつう午前八時に始まります。小学校は八時に始まって、お昼の十二時三十五分には五時間目が終わります。三時間目と四時間目のあいだの二〇分は体操時間。五時間目が終わると昼食。弁当を持ってくる子もいれば、家に帰る子もいます。中学校は昼食後も授業があることを除けば小学校と同じです。午前の全体での授業が終わると、午後から学生の専門性にあわせて教育が始まります。

体育専門学校、少年会館など学校とは別の施設があり、能力のある学生には特別な教育が施されます。それよりも専門的能力の低い学生は、小組という学校内の組織で、体育、

＊14　朝鮮には、児童、生徒、学生の区別はなく、学校に通うものは、すべて学生と呼ぶ。また、教師、教授という呼び方はなく、幼稚園から大学まですべて教員という呼び方をする。

音楽などを学びます。数学など勉強のための小組もあります。

「ほとんどの学生がどこかの小組に分かれる」、「半数くらい」、「一クラスに五〜六名」などと、小組に入る学生の数については回答が分かれます。市や郡単位、あるいは学校で方針が異なるのでしょう。小組での活動時間、あるいは活動する曜日や期間は、かなり地域差があるようです。「五時ごろまでだった」、「毎日十二時に家に帰っていた」など、人によって差が大きいのです。

学校外の施設や小組で教育を受けていない学生は、労働に駆り出されます。子供に労働をさせたくない家は、賄賂を渡して小組に入れるようにすることもあり、その傾向は年々強くなっているようです。

・高級中学になると下校時刻が日によって変わり、三時になったりします。そのあとは、わたしみたいに体育専門学校に行ったり、音楽や踊り（学校以外の施設）に行ったりする人が、クラスに五人くらいいて、それ以外の学生は、小組で学校単位の音楽とか勉強をしたり、それ以外は先生が指示する労働をします。（ジョンミン）

・一時くらいに終わって、食事をしに帰って、そのあと学校に戻って、小組に分かれて、それぞれの活動をします。（ミファ）

・自分の好きな小組に行けましたよ。数学ができないから、数学にいくんだけど、やっぱりついていけなくて、次は別のところにいったり。体育とか歌などは、先生が能力をみて決めるんですけど。私は、先生に選ばれて少年会館に行くようになりました。（ミョンヒ）

集団活動—ピアサポート

朝鮮の社会制度の中心は集団主義です。個人の利益よりも集団利益を優先する社会秩序になっているのですが、それが学校教育の全ての場で徹底されています。韓国では、朝鮮を研究するうえで、集団主義の悪い面を強調されることが多いですが、実際の脱北者の話には長・短所ともにあります。「集団主義は嫌いです」という反面、「楽しい思い出」として学校生活が多くあげられます。良い思い出をきけば、頷ける内容です。

ところで、ピアサポートと呼ばれる学習方法があります。それが、朝鮮の学校生活のあらゆるところで見られます。私が最も注目したのは、この方法と基本的には同じものが朝鮮で行われ、学生たちの精神的な成長に非常に大きな効果をもたらしているということです。ここでは、それを中心に学生生活をみてみたいと思います。

ピアサポートとは

朝鮮の学生生活には、ピアサポートに似た学習環境ができており、その効果も非常によく出ています。

「ピア／peer」とは仲間を意味し、ピアサポートとは、同じ立場にいるひとがサポートするという意味となります。専門家ではなく、学生同士がお互いを仲間としてサポートすることで、学習以外にも社会生活能力の向上に大きな影響を与えるといわれます。

学生同士でサポートするということは、優秀な人材がより劣る者を助けるということにならないことを意味します。決まった者が常にサポートを受けるということにはならないということです。誰もがサポートする存在であり、サポートを受ける存在であることを重要視する教育方法です。また、これは、道徳心を育てる効果があるといいます。

勉強においてのピアサポート

回答者によると、授業の形態は日本でもみられるものと大きな差はないようですが、目立った特徴としては学生同士が教え合うことをあげることができます。

「とにかく、よく競わせる」（ミファ）といいます。個人の成績は常に壁に張り付けられます。ただ、競わせるのは個人だけではありません。むしろ、学級単位あるいはグループ単位での競争に教員たちは意識を置くようです。校長も個人の成績より学校全体での成績向上を重視しています。回答者七人のうち六人が「個人の成績よりも集団の評価が大きい」といい、一人が「両方が重要」だと回答しました。

このような意識になるのは、朝鮮が、集団主義であることが最大の理由でしょう。すべての活動が、国家と、それに連結する集団のために行われているのです。個人が高い評価を受けることを嫌う傾向は間違いなくあります。個人が強調されると、最高権威の地位を脅かしかねないからです。

ピアサポートについての回答は以下のようなものです。

・勉強組っていうのがあって、試験の前などは、五人くらいで、お互いに勉強を教え合うグループを先生がつくるんです。学校が終わってからも、家に帰って勉強するように。頭の良い子と悪い子を一緒の組にして。でも、勉強なんかせずに、遊んでましたけどね。（ミファ）

・家が近い学生をグループにして、勉強をさせるんです。学校が終わるとその人の家にあつまって勉強するように言うんです。夏休みなどの関係なく。何時から集まってしなさい…みたいな。（ミファ）

・いま思い出しても、個人が評価されたという記憶はありません。評価というのは、いつも集団に対してでしたね。個人の実績に評価はされないんですよね。（ミファ）

・学生も、自分の成績が良いことと関係なく、ほかの学生の成績をあげるために教えるんです。学級全体の成績が上がるようにするために。（ジョンミン）

・私の家が貧乏なのが先生もわかっていたので、金持ちの家の子と隣同士になるようにしてくれました。その子は、親に「先生にあげるんだ」とウソをついてまでも弁当をもってきてくれて分けてくれたんです。だから、私は代わりに数学を教えてあげました。私、他の教科はだめなんですけど、数学はよくできたんです。（ミョンヒ）

・先生が成績の良い子と悪い子とを隣同士に座らせるんですよ。（ミョンヒ）

・成績の一番の子と、一番下の子を組ませて、お互いに勉強させるんです。できない子に教えるのは、「どうしてこんな分からない子に教えないといけないんだ」と思ってめんどうだったけれど、家に行って教えていると親にも感謝されましたよ。（ミンジ）

・郡での競争になり、どこの学校のどの班が一番だったってわかるので、試験の前は必死です。できない学生がいると、家に帰らせないで勉強させるんですよ。（ミンジ）

・私は、勉強好きでしたから、実際のところ、できない子に教えるのは嫌だったんですけどね。（ソンヒ）

回答からわかるように、教員の意志なくしてはピアサポートは実現されません。そして、集団主義体制でなければ教員も強要しないはずです。教員の指示で、子供たちはグループになってお互いに勉強を教え合います。特定のクラスでのみ行われるのではなく、学校全体が集団主義の方針で動いているのです。

たとえば、試験前には、教員が学生たちを学校に残して勉強させることを制限するものはありません。「学校の成績をあげるために、いつも先生は学校で会議ですよ。（教員である母親は）夜にならないと帰ってきません。妹と一緒に窓から夜空を見てましたよ」と、母親が教員だったミョンヒは言います。

教員の勉強に対する投入は中途半端ではありません。「学級の成績があがれば、そのぶん、教員の評価が上がる」と複数の回答者がいいます。ミョンヒの母親も労働党員になるために評価をあげようと苦労していたといいます。教員は、学生のため、学校のため、自分のために、真剣に学生の教育に取り組んでいることが感じられます。

「勉強が好きだった」と答えた回答者は四名。もともと好きだったという理由以外には、情熱を持って教える教員との関係が良かったこと、学生同士で教え合い成績が伸びていくこと、良い成績が壁にはりだされて嬉しかったこと、などが理由にあるようでした。逆に「嫌いだった」と答えた回答者は二名。この二名とも運動の小組に所属した学生でした。

回答によると、朝鮮の学生は個人としては、勉強にそれほど多くの力を注いでいるわけではないようです。個人の評価が大きくないこと、大学に行くためには、学力だけではなくて、経済力・成分（身分）が重要になることが理由でしょう。ただ「努力は必要ですが、本気になれば大学に行けます。成分のせいにする人もいますけどそれは言い訳です」（三〇代・男性）という脱北者もいます。時代や地域の差もあるかもしれません。

勉強以外でのピアサポート

強制的活動

朝鮮の学生生活では、勉強以外にも多くのピアサポートの現場を見ることができます。

・中学の時に、律動体操[*15]（율동체조）が、金正日の指示で始まったんです。これまでは禁止されていたような体操で、みんな喜んでやってました。最初に、運動のできる者が呼ばれて教えられ、その後学校に行って、ほかの学生に教えるんです。最初は、うまくできる学生と一緒に練習するんですが、その子たちが、もっとうまく踊れるように（私に）聞きにくるんです。みんなの前で踊れるくらいになって、私が教えた子たちが大会に出場して

賞をもらったんです。うれしかったですよ。その時のようすは今でもはっきり覚えています。（ジョンミン）

・学校代表で選手を、全国大会に送り込まないといけないことがあるでしょ。そんなとき、校長先生が各先生に、その子たちのために米や卵など、食べ物などを集めるように言うんです。それを先生は、学級の生徒に割り振ります。一つの組にじゃがいも何グラム、米何グラムとか、割り当てるんです。具体的な指示なんかありません。「おまえたちで適当にやれ」って感じです。仕方ないので、学生たちが相談して、集めます。そんな時は、自分の組に金持ちの子がいるといいんですよね。勉強のときは、金がなくても勉強ができる人が助けて。お互いが必要なんですよね。（ミファ）

・中学二年のときに、学生の人数が増えて、学校が三階から四階に高くなったんですが、全部を学校がやってくれるのではないんです。セメント、鉄、ガラスなんか、集められるものは、学生たちに集めさせるんですよ。海に行って砂や石も集めたりして。みんなで一生懸命集めました。作業するときも並んで、順番にはこんで。大変でしたよ。でも、できたときは、達成感がありましたね。自分たちの学校だっていう愛情もわくし。（ソンヒ）

＊15　律動体操は、エアロビクスのような体操で、通常、グループで行われる。金正日の指示でつくられ、国全域に普及した。大衆律動体操、少年律動体操、老人律動体操などがある。

・黒板が白くなってきて、黒くしないといけないので、みんなで電池を集めてきて黒い粉（二酸化マンガン）と卵を混ぜて塗って…ってしましたよ。机も蝋で磨いて。（ミンジ）

・北では、いろんなことをさせるでしょ。春と秋に、集団で農村に行って作業させるじゃないですか。そんなとき、田舎にいるような学生は、刈り取ったりするのがうまいんです。我々がゆっくりやっているのに、田舎の子は、ずっと先にやって、戻ってきて我々を手伝ってくれるんです。そんなときはありがたかったですね。（ミョンヒ）

勉強や体育大会など学校行事だけでなく、学校で必要な物資集めも学級全員、あるいはより小さい分組（六〜八人程度）単位で子供たちに命令し持ってこさせます。それを「課題」といいます。また、学生たちに強制的に労働もさせます。その代表が農場での労働です。この物資集めと農場での労働は、一九九〇年代の苦難の行軍の前からすでに始まっています。通常、朝鮮の教育を論じるうえでは、これらは悪なる制度のように論じられます。しかし、学生たちは、その制度の中から肯定的なものを得ている様子です。勉強だけの協力関係であったら、与える者と受ける者とが交代する機会が少ないのですが、生活の全ての場面において集団で解決していく必要がある子供たちは、自分や他人の価値をその時々で感じることができるのです。

しかし、課題には子供たちの手に負えないようなものも含まれます。

・ガラスを持っていかないといけない課題があって、どこにもなくて友だちと一緒に、他人の家のガラスを盗んで、学校に持っていったこともあります。どうしてこんなことしないといけないのかと情けなくなくなったことはあります。（ソンヒ）

無理な課題は、子供たちを盗みに追い立てることさえあるようです。教員もそれについては、物資を集めないといけない立場であるので、見て見ぬ振りをします。非常に問題の多い制度であることは確かです。

朝鮮の学校にはこんな制度もあります。「中学で、学級が五班あるとするならば、違う学年も五班編成になっていて、一年から六年までの第一班をひとつのグループとして体育大会などで競い合わせるのです」（ミファ）。違う学年のあいだで交流が生まれるようになっているのです。

とにかく学校では、学校生活の全てのことをやらせるので、学生たちは生活のどこかの場面で自分の能力・個性を発揮できる部分があることを自覚していくようです。それでお互いに助け合うことになる。まさにピアサポートの目指すものが生活のなかで行われているのです。

自主的活動

協力関係は、強制的にやらされるものばかりではありません。

・夏休みのときでも、各自の家に順番にいって勉強するんですよね。五、六人ぐらいのグループがあって、その家をまわって勉強するんです。学校は遊ばせないんですよ。そしたら、たとえば、誰かの家に行ったら、かまどに穴があいていて熱気がもれるっていうようなことがあるじゃないですか。そしたら、「○○同志の家にいって修理しよう」みたいな話が出るんです。自発的に。行くとかいかないとかは、先生に言わないと面倒なので言うんですけど、言い出すのは子供たち。いろいろ集まってやっているうちに、そんな気持になるんですよね。いろんなことをやるから、いろんなことができるようになる。勉強だけしているんじゃないんですよね。やりたくもなるんですよね。（ミファ）

・先生が病気で休むことってありますよね。そのときは、学級のみんなでお見舞いに行きましたよ。特別な用事がない場合は。一緒に行かない子なんていませんでしたよ。（ミンジ）

常に集団で活動するように教育されていることは事実ですが、それは、上からの指示によるものばかりでなく、お互いに生まれた信頼関係のなかで自主的に集団になって活動することも多いようです。

遊び

学生にとっては遊びも重要です。遊びの話からは、学生たちの交流の様子がよくわかります。

・学校で、패（派）をつくってましたよ。多いところは一〇人ぐらい。学級で「自分のほう」みたいなのをつくり、違うとこの패と、いろいろ争ってました。喧嘩もしてました。自分の仲間をつくって、学校でなにかするとき、労働するときなんかは、いつも集まってました。もちろん、一緒に遊びもするし。出ていく子もいるし。入ってくる子もいるし。（スンボク）

・学校から帰ると毎日、日が暮れるまで近所の子供と遊びます。小学校の高学年になると、その遊びのグループに入ります。釣りをしたりかくれんぼをしたり。中学の卒業前は、大学の進学とかで忙しくなるけれど、その前までは、いつもずっと一緒でしたね。（ミファ）

学級の中でグループができるのはおそらくどこの国でも同じでしょうが、朝鮮に特有の点をあげるとすれば、年齢の違う子供たちと遊ぶことが多いこと、子供の関係が家にまで強く連結されているということです。子供が他の子供の家に上がりこみ、食事をして泊るということが日常茶飯事だそうです。

いじめ

ピアサポートの効果でしょう。朝鮮の学校では、いじめはほとんどないようです。

・北韓では、ちょっと気に入らなかったら、相手にしないってことはあるけれど、こっちみたいにわざわざいじめに行くとか、ある一人を攻撃することなんかあり得ません。（ジョンミン）

・北では、学級の誰かが、先生でも誰でも、どこかが悪くなれば、無条件でなんとか助けてあげようとします。病院に行くこともあたりまえで学級全員で行きますよ。（ミョンヒ）

・弁当をもってどこかに行く場合でも、とうもろこしご飯をもってくる人、美味しいご飯をもってくる人、全部、開けてみて、一人で食べる人はいない。ほんとに特別なケースを除いては、ここ（韓国）みたいに、みすぼらしいから仲間外れにする…みたいなのはないですよね。それに、貧しいご飯を食べているからっていじめることなどあるはずがないで

すよね。（ミファ）

「韓国のようないじめは存在しない」と回答者全員がいいます。ただし、北でも資本主義経済が入り込み、経済的な格差が過去に比べて大きくなってきているので、かつての良き姿がなくなるのではないかと回答者たちも危惧しています。

いじめがないのは、集団活動だけではなく、制度的なものも影響しているのでしょう。朝鮮では、五年あるいは六年のあいだ学級編成が変わりません。ずっと同じクラスで学校生活を送るのです。そのことについてはこう述べています。

・仲が悪くても、それこそずっと一緒にいるしかないんです。差別もなにもないですよ。一緒にいるかぎり、仲よくする以外に方法がないんですよね。そうしないと結局損をするし。（ミョンヒ）

・外で遊びはじめたときから、学校を卒業するまで、いつも誰かと一緒にいるんです。一〇年以上、同じ顔を見て、誰の家がどうなっているということまで全部知っていて、引っ越しもほとんどしないし、みんなでウッシャウッシャいいながら、仲よくしていくしかないんですよね。（ミファ）

・ずっと同じ相手と生活していることが、他人との壁をなくすから、大人になって違うところにいっても、同じような生活をしていたことを知っているから、北の人同士は、壁がなく付き合えるのでしょうね。（ジョンミン）

・とにかく、いつも誰かが横にいるんです。思春期の頃には、一人でいたいなぁとか思ったこともあったような気がするけど、そんな機会はなかったですよね。（ジョンミン）

教員と学生の関係

教員と学生の関係は、回答者の意見が肯定的なものと否定的なものに分かれます。それは、小学校五年間、中学六年間同じ担任が学級を受け持つことが大きいのです。同じ教員が、数年にわたり同じ学生を受け持つので、学校生活に教員の資質が非常に大きな影響を与えることになります。教員の事情で担任が変わることはありますが、それでも最低二、三年は同じ学級を担任するようです。

共通して言えることは、儒教の伝統が色濃く残る朝鮮では先生の権威が非常に高く、学生たちは無条件に従うしかないということです。教員は国家から指名された人物なので、学生はもちろん、父母も教員に反対することはありません。ただ「新任の女性の先生に対して男子の学生は普通にからかったりしてましたよ」（四〇代男性）という話はあります。

また、教員たちが情熱をもって学生に対している様子をうかがい知ることもできます。

・北の先生は、人を育てるということに情熱をもっていて、学生に対して常に真剣で、韓国の先生とは全く違います。（ミファ）

・先生は国家から推薦されてきた人であるという意識をもっていたので、先生に侍ることは、国家のためにしていることのように考えてました。（スンボク）

・こちらの人みたいに、先生を馬鹿にするような雰囲気はありません。先生の言うことは絶対で、逆らうようなことはありません。（ジョンミン）

・勉強していてわからないことがあったとき、夜中の二時に訪ねていっても教えてくれたことがあるんです。この先生、自分の学校の先生じゃなくて友だちのお母さんでした。あとで、母親に聞いた話ですけど、来てくれてうれしかったと言ってたそうです。たぶん、友だちのお母さんじゃなくて学校の先生でも教えてくれたと思います。（ソンヒ）

・中学を卒業しても就職先が決まらないので、最後まで先生が面倒を見てくれました。親のいない私なんかを面倒見たところで、見返りはとくにないのに、先生は最後まで一生懸命に良くしてくれました。（ヨヌン）

・すごく良い先生で、途中（中学一～三年まで担任）で教頭先生になって、担任をはずれることになったとき、学級全員で大学を出たばかりの新任の先生に反対して、授業をボイコットしたことがあります。（ミンジ）

右の「すごく良い先生」（ミンジ）は、興味深いことに「革命歴史」の教科を受け持っていた教員（三〇代既婚女）です。回答者によると「革命歴史」などの政治思想科目は、当時の朝鮮でも人気がなく、学生は仕方なく勉強していたということです。授業内容に関係なく、人気のある先生は人気があるということでしょう。

・先生は学生の生活全般にいつも気を配ってくれました。農場労働などでは、他の先生は学生の食事の心配をしてくれません。歩き方や話し方まで教えてくれました。授業が終わって帰るときも、他の先生は態度を変えるのに、必ず学生の顔をみて挨拶してくれたりして。学生がみんな慕ってました。私なんかには、母親よりも母親のように思えました。この学級は、特別優秀な生徒が集まってできた学級ではないのですが、先生を中心に、知・徳・体の教育がなされて、勉強の成績が伸びて、逸脱行為を行う学生もいなくなり、地域でも表彰されるクラスになりました。個人で受けた表彰より、全体でとれた賞のほうが本当にうれしかったです。……この先生は、賄賂を受け取るような先生ではないので、苦難の行軍の時も無事でいてくれたかどうか心配です。（ミンジ）

回答者の多くが、学校教育の長所として「平等」という言葉をあげました。ここでいう平等とは機会の平等です。お金がないから塾に通えない、などということがないという意味だと考えていいでしょう。ただ、機会は与えられますが、能力がないと教員が判断した場合は、その教育は受けられないことになります。

・先生は、全員に同じように接してくれます。完全に差別なく、同じ機会を与えてくれます。わたしは、卓球をやって、水泳をやって、○○をやって、最後は○○をやって。やりたいことはできましたよ。（ジョンミン）

・歌を歌いたい学生には、その機会が与えられて、先生がみて、能力がなかったら、できなくなるんです。先生が指名することもありますけど、自分で手をあげて「やりたい」っていうこともあります。私は、歌よりも踊りが良くて踊りの時に手をあげました。（ミョンヒ）

・学費のことは心配せずに、勉強できることが良かった。午後の小組で勉強できる。自分ができるかなと思うと、先生が（小組に）行くように言ってくれるから、自然にそうなるし、先生の意見に反対することもない。（ソンヒ）

実はこれと全く逆のことを言う回答者もいました。「学生の自由はなかったです」（ミファ）。これは、担当教員によって学生生活が大きく変わるということでしょう。

以下は、教員に対する否定的な意見です。

・賄賂をもらってえこひいきする先生はいますよ。その先生はやっぱり嫌われます。（ミンジ）

・私は先生が嫌いでした。先生はよくたたきました。勉強ができなくてもたたく。課題をもってこなくてもたたきました。その先生は、勉強ができないことが気に入らなかったのでしょうね。私は幼稚園に行ってなかったので、入学したときは全然文字がわからなくて。（ジョンミン）

・米一キロ持ってこいといわれ、持ってこれないと、学校に残される。夜になっても、学校に「解決できるまで帰るな」といわれるんです。そんなこといわれても、どうすることもできないのは、先生も知ってるでしょ。先生も上からいわれて、自分もどうしようもないから学生たちにそうしているんでしょうけど。（ジョンミン）

右の教員は、個人の資質に問題があったということのようで、他の回答者の証言によれば、賄賂を要求しない先生、たたかない先生のほうが多いのです。また、賄賂は制度的には禁止されていて、経済難以前はそれほど横行していなかったのです。しかし最近は「教員の給料だけでは生きていけないから」との理由もあり、次のように変化してきたといいます。最近韓国に入国してきた脱北者の証言です。

・以前はなかったんですが、ひいきをする先生の班にならないように、最近は親が校長先生に賄賂を贈るようになってますよ。（三〇代男性）
・子供に勉強させたい親は、やっぱりお金をつかって、勉強ができる環境を作っていきます。（二〇代女性）

学校生活が楽しくなかったと回答した人が一人だけいます（ヨヌン）。彼女は、早くに両親を亡くし、きょうだい三人で生活していたため、学校から出される課題にほとんど対応できなかったのです。中学一、二年のときは、常に教師から責められ、その影響で他の学生からも責められて、いつも喧嘩をしていたそうです。学校に通うのをやめようとも思ったのですが、三年になって担任が未婚の女性教員に代わり、課題が未達の自分の立場を守ってくれたそうです。「男性やお金のある家の子供側につくこともなく、自分の主張を聞いてくれた」のです。彼女は「統一されたら、最初に会いにいきたい、名前も忘れない」恩人だといいます。

近隣の人との付き合い

近隣の人との付き合いも、若い人には大きな影響を与えるものです。ここでは、そういった話の中で印象に残った内容を紹介したいと思います。

・学校から帰ってきて、親がいなかったら、同じアパートの別の人の家にいました。そこで食事したりして親の帰りを待っていました。十六軒あったのですが、みんなが家族のように付き合っていました。親が外国から帰ってきたら、お土産をもっていくのが私の役目で、みんなに良くしてもらいました。（ソンヒ）

・休みの日には、近所の人で集まって、公園みたいなところに行って、食事して、歌って踊って、楽しくしてましたよ。（ソンヒ）

・ウチの家が貧しいのはみんな知っていましたし、親がいつもいないのも知っていましたから、今日は誰々の家、明日は誰々の家って感じでよく泊まっていました。親も夕食が終わると、誰かの家に集まって時間を過ごしていました。私もよくついていったりして。（ミョンヒ）

・親は早くに亡くなったのですが、近所付き合いをよくしていたので、近所の人がわたしたちの面倒をみてくれました。いま考えると、近所の人もウチと同じように、追放されてきた人だったりして、それで仲が良かったのかもしれません。（ヨヌン）

・父は技術者で、テレビの修理とか、自転車の修理とかいろいろできたので、家にはよく人が来てました。そのせいか、近所の人との関係も良くて、私の試合に来て応援してくれ

ました。（ジョンミン）

近隣の人との付き合いについて、否定的なことを言った回答者はいません。貧しいながら、お互いに助け合って生活している様子が感じられました。

・近所の付き合いは、どこも同じで、仲よかったですよ。普通に付き合っているぶんには、保衛部の人も何も関係ないですよ。（ソンヒ）

保衛部とは、日本では公安警察にあたり、人民を監視する悪の代表のように言われている組織です。しかし実際は、問題なく生活しているかぎり、ただの隣人であるとソンヒは言います。ソンヒの家の生活が、密輸で成り立っていることを保衛部の人間が知らないはずはありません。とくに政治的に反発しないかぎり、人民は至って普通に生活しているとみていいと思います。

見知らぬ人との出会い

見知らぬ人との出会いも貴重な経験になる場合があります。ここでは、二人の回答者が、学生時代に経験した、いい思い出を簡単に紹介します。

・妹とふたりで物々交換のために田舎の方に行ったときのことです。丸二日何も食べられないまま、いつ来るかわからない電車を駅で待っているときに、見知らぬおじさんが弁当を出して食べようとしているのを見ていると、そのおじさんが自分の分を分けて私に渡してくれました。受け取りはしたものの食べられないでいる私をみて、おじさんは「なぜ食べないんだ」と聞いてくるので黙っていたのですが、しつこく聞くので「向こうに妹がいるんです」と答えました。申し訳なかったので言えなかったのです。それを聞いて、おじさんは、すぐに妹を連れてくるように言ってくれました。そのおじさんのことは一生忘れません。（ミョンヒ）

・タンチョンという駅で、電車を待っているときに、乞食みたいにみすぼらしい若い男の人が、少し離れたところでうずくまっていました。人はジロジロ見るだけで、声もかけずにいたのですが、ある四〇歳くらいの男性が「いい若者がこんなところで乞食みたいに何をしてるんだ。国家のためにちゃんと働かないか！」と怒ったように言いました。下を向いていたその男の人は顔をあげて「自分もそうしたいのですが、体が動かないのです」と答えたのです。その若い男の人は、膿んで普通の二倍ほどにも腫れた膝をその男性に見せました。それを見た男性は一瞬驚いた様子でしたが、すぐにしゃがみこんで、そうなった経緯を聞いていました。そして、周りの人にタオルやちり紙などを持ってくるように頼みはじめたのです。「知らずに怒鳴って悪かった」と謝り、「切って膿を出すが我慢できるか」と聞き、男の人が「分かりました」と言ったのでカバンを開けてナイフを取り出しました。タオルやちり紙を持ってきた人が周りに集まってくるなか、男性の手術が始まったのです。膝を切ると、膿がドクドクと出てきました。男性は何度も膿を拭きとり、しばらくして手術が終わりました。無事に終わったようでした。男性は若者に残りのタオルとお金を渡し、「これからも頑張ってな」と激励して立ち去って行ったのです。(ジョンミン)

第四章　脱北者と朝鮮

前章では、脱北者たちが、学生生活を通じて人として必要な成長を遂げていく様子を紹介しました。この章では、通常、朝鮮について認識されていることの中で、脱北者の証言から実情を再検討する必要があることを挙げてみたいと思います。

これまでは、研究論文や書物、マスコミ報道などを通して、朝鮮の問題点が述べられてきました。最高指導者への偶像化教育、反米・反日・反韓教育、無償とは名ばかりの学校経営、乏しい教育内容、労働や行事への無理な参加などです。それらの内容が事実であることは、回答者たちの証言でも確認できました。しかし、学生たちが教育制度の悪い部分だけから影響を受けていると判断するのはあまりに短絡的です。教育が社会生活の基礎的な要件を学生たちに教えるものだと考えた場合、朝鮮の教育が立派な成果を上げていることは否定できないのです。

共産主義道徳

・目の前でお婆さんが重い荷物をもっているのを見たら、助けてあげることが共産主義なんです。一人ひとりの小さな行動の積み重ねが、理想の共産主義世界の実現につながる。学校ではそういうふうに教えるんです。（スンボク）

この言葉が、共産主義に対する我々の認識と脱北者の認識とが違うことを端的に示しています。

北朝鮮は二〇一〇年の憲法から「共産主義」という言葉を削除しており、共産主義を超えたものとして、「主体思想」をイデオロギーにかかげる国家になりました。しかし、それと関係なく、脱北者たちの意識には「共産主義」という言葉が肯定的なものとして残っています。彼らにとって「共産主義」という言葉が意味するのは、必ずしもイデオロギーのことではなく、むしろ一般的な道徳なのです。

「道で歩いているとき、車に荷物を積んで運んでいる人を見ると、みんな助けに行きますよ」とミンジはいいます。学生たちは誰かが大変なときは積極的に助けるのですが、それがすぐに学校で賞賛される仕組みになっています。道徳的な行動に対する評価はとくに頻繁に行われるといいます。

私はイデオロギーとしての共産主義を肯定する脱北者には会ったことがありません。彼らは、すべての人が平等に生活できる共産主義世界、という理想そのものは否定しませんが、それが「実現不可能な空想であり、現実は平等のためにではなく、金一家のために利用されてきた」という意味で共産主義を否定するのです。

一方の韓国には、かつて反共法（一九六一年制定）が存在していました。現在も、国家保安法（一九八〇年制定）の中で、共産主義を明確に否定しています。一九九〇年頃からこの法の存在に疑問が投げかけられはじめましたが、現実には、今も反共の空気が社会に色濃く残っています。法が本来意味している「共産主義」はともかくとして、一般的に韓国国民が意識する共産主義とは、韓国を危機に陥れる朝鮮の武力のことです。

このように、韓国国民がとらえる共産主義と、脱北者の意識にある共産主義とは非常に大きくずれています。朝鮮当局が教育しようとする共産主義（主体思想）と朝鮮の一般人民が意識する共産主義も大きな差があると見受けられます。今後、韓国人や日本人が朝鮮の人々と付き合っていくためには、彼らにとって共産主義が何なのか、ということを理解しておく必要があります。

生活総和

脱北者が、口をそろえて「悪い思い出」にあげるのが生活総和です。

朝鮮の学生は、小学校二年生になると政治的組織に組み込まれ、その時から生活総和が始まります。生活総和は、簡単に言えば他人を批判する集会です。相互批判と自己批判が行われ、そのうえで自身の行動を反省します。この集会は、朝鮮建国の初期においては月に一回程度だったものが、一九六七年以降思想体系が強化されことにより頻繁に行われるようになりました。現在は週に一回一時間程度行われています。

「敬愛する金日成元首様は人民を愛するように仰いました。ところで○○さんは、昨日、道で苦労しているお婆さんを助けることなく、そのまま通り過ぎていきました。それは人民を愛することに反します」などと集会で誰かのことを批判するのです。そして指摘された学生は、それに対して反論や弁解をするのです。

日本でもかつて左翼勢力が「総括」などといってお互いを批判しあっていたことがありますが、共産主義思想に基づく特徴的な活動だと考えればいいと思います。

生活総和は、学校や職場、近隣の人たちなど、いつも同じ顔ぶれで行われるので、常に批判する内容があるわけではなく、形式的な活動になっているのが実情です。ふつうの学生にとって、普段の生活とイデオロギーは関係ありません。内容は人に親切にすることや真面目に勉強することなど、一般的な道徳の話になってしまいます。もし「政治的に問題のあることを述べると、学生もそれを指導する教員にも問題がおきるため、当たり障りのないことを批判する」ことになるのです。政治的に問題のある内容が含まれると、それが「学生生活記録簿」に記録され、その後の生活・就職などにも影響がでてしまいます。

学生も教員もそれを望みません。それで生活総和の前に「今週は私が批判するから、来週はあなたね」などと打ち合わせをして行われるようになっています。制度上仕方がないのでやめることはできないのですが、教員も学生も切り抜けていく方法を探します。それが、人間関係を築いていく部分にもなります。

生活総和が形式的であって、事実でない作り話を言い合ってその場をやり過ごすのであれば平気です。しかし、実際にやったことはやはり心痛いものです。ですから、結果的には、人民は自然と道徳的な行動をする効果が生まれます。これを小学校の二年から高級中学卒業まで毎週行うのですから効果が非常に大きいのは想像に難くありません。

道徳的な内容を奨励するとともに、懲罰も存在する朝鮮の制度が、彼らの行動に影響を与えているのです。法律に触れなければ、自分勝手でも問題ないというように育っている韓国や日本からみれば、非常に窮屈な制度に思えるでしょう。ただ、慣れてしまえばそれほど悪くないのかもしれません。良心に従って行動していればいいのですから。

ところで、生活総和には面白い決まりがあります。

・なにか批判されたら、ただ聞いていてはダメで、それに対しての理由を述べないといけないのです。なぜそうできなかったかを言うことも要求されるんです。自己批判するにしてもその理由を述べたうえでするのです。（ジョンミン）

「お婆さんを助けなかったのは、友達に頼みごとをされて急いでいたからです。でもそれよりも、お婆さんを助けることのほうが人民を愛することなので…」のように対応する必要があるのです。このディベート訓練のようなことを実生活の中で、幼いころから毎週行っているのですから、相手の話を聞きそれに対応する能力が高くなることは間違いありません。

私の工場で働く脱北者と会話をしていると、明確な答えがすぐに返ってきます。生産に関することであっても、個人的なことであっても同じです。

工場では毎週月曜日にミーティングをするのですが、その際に、いろんな意見を言うことになります。日本人がするようにうつむいて黙ってしまったり、モゴモゴした態度をとる脱北者がいないのです。脱北者にも性格の穏やかな人はいますが、どんなに穏やかな人でも質問をすればそれに対してハッキリと答えてきます。

私は、ジョンミョンの生活総和の話を聞いて、はじめてそのことに納得できました。それを告げると「そうですね。そう言われれば、生活総和にも良い効果はあるでしょうね」彼女は応えました。

朝鮮人民の集団主義

朝鮮人民の認識している集団主義は、一般的に認識されている集団主義とは異なりま

脱北者の集会。この集会では、一人の脱北者が、豚を１頭提供して、焼き肉にしたり、スープにしたり。余った肉は、各自が家に持って帰った。韓国人がいる集会と違って、脱北者というだけで意志疎通が自由になる。彼らは「異国で同郷の人にあるからでしょ」ともいうが、韓国での日本人の集会の雰囲気とは親近感がまるで違う。北にいるときに近所の人があつまって食事会をしているのと同じ様子がうかがえる。2018 年夏

す。朝鮮では、個人主義という言葉は一般に使用されません。個人利己主義というのです。その結果、脱北者にとっては、個人主義という言葉は利己主義とほぼ同じ意味となります。「国家に対する個人の権利」や「個人の尊厳」といった、近代人権思想の概念はありません。したがって個人的な活動は悪だと見なされます。

・家族のために闇市でお金を儲けることは個人主義なんです。家族のために行うことは、国家の方針とは関係ないため、集団主義的活動ではなく個人主義的、

利己主義的な活動になるのです。（スンボク）

「家族という集団のために個人が犠牲になるのは集団主義ではないのか」と聞くと、「それは違う」とスンボクは応えます。

集団主義的活動が朝鮮で認められるかどうかは、国家の方針に適合するかどうかで決まります。個人の行動は、国家の承認を得ていれば集団主義的活動で、国家の承認がなければ利己的行動となります。掃除をさぼっている学生が、個人利己主義と非難されるのは、国家から派遣された先生の指示、つまり国家の指示に従わないという理由からであり、自分だけ楽をしようとしているという理由からだけではないのです。我々が一般的にいう集団主義は、自分が所属する集団の利益のために行動することですが、朝鮮では、「国家に連結された集団を国家とし、それに対して犠牲になり奉仕する」ことを集団主義というのです。

朝鮮では、集会・結社の自由はありません。近所の人が集まって食事をしている場合でも、家族、親戚、近隣者でない人が混ざっていたとすると警戒対象になります。近隣者や親戚でない人の宿泊には報告義務があります。

また、彼らのいう集団は国家によって決められたものなので、自分たちの意志で作ったグループは存在しないのです。さらに、集団を選んでそこに入ること、出ていくことにも自由がありません。この体制は、全体主義あるいは独裁以上の不自由さですが、朝鮮当局はそれを集団主義と呼称し過去の悪政とは区別しようとします。

朝鮮の人にとっての集団主義は無条件に国家のために奉仕することを意味するので、脱北者たちは、韓国に来て「集団主義は捨てた」などと言うこともあります。しかし、実際には、（朝鮮のものではなく一般的に認識されている意味で）集団主義的な行動をとります。自分の所属するグループのために奉仕する姿は、何かの集会に行くとよく目にします。彼らは、円滑な社会生活が営めない人ではありません。むしろ、小集団での活動に十分慣れ親しんでおり、社会的能力は高いということができるのではないでしょうか。

いくら国家の命令を仕方なく遂行しているだけにすぎないといえども、人が集団で活動するためにはさまざまな要素が必要です。集団内での秩序を守ること、他人への配慮、場の雰囲気を整える明朗さ、必要に合わせた激励などがそうです。あくまで私の主観ですが、工場で働いている人を観察し、秩序、配慮、明朗さなどの観点で比較すると、優秀な順に脱北者、日本人、韓国人となります。少なくとも脱北者が劣っているということはありません。ただ、私の工場では、特に難しい技術を必要としない単純作業をしているからであって、他の条件が加わればようすは変わるかもしれません。

首領観

金日成主席を知る手掛かりとなる資料としては、まず『金日成著作集』をあげることができます。この資料は、一九七九年から九七年までのあいだに計五〇巻出版されました。一九三〇年代の抗日運動の演説や、その後朝鮮の主席として公的な場で語った言葉も収められています。しかし、この資料は信憑性があまりありません。たとえば、一九三〇年に語った演説の内容がどのように保存され、一九七九年の出版に至ったのか。また、本人が死亡した一九九四年に語った内容が世の中に出たのはなぜ一九九七年だったのか。普通に見ると、次の政権の主人公金正日総書記の意向によって修正されているのです。事実とかけ離れているということはないようですが、そのままの記録ではないのです。

次に、金日成主席の回顧録『世紀とともに』(六巻+継承本二巻)があります。朝鮮解放の歴史的英雄の姿が華々しく伝えられています。金日成主席本人の回想をもとにして、学者が内容をまとめたもので、本人が八〇歳で死亡する二年前の一九九二年に第一巻発行、最後の第八巻は九八年の発行です。幼少期から一九四〇年頃までの出来事は七巻を費やして細かく鮮明に記述していますが、第二次世界大戦頃の様子についてはいっさい記述がありません。彼はその時期ソ連にいて、朝鮮解放のために戦ってはいなかったのですから、書きようがありません。

このように、金日成主席は、朝鮮の記録にあるほど英雄的ではないことは明白なのですが、朝鮮国内では、歴史上彼を上回る人物はいないかのように伝えられています。

さて、ミョンヒの家は、祖父の時代から誠実に国家と党に仕えてきました。「祖父は、枕元に常に金日成の本を置いているような人でした」。その家で素直に育った彼女は、学校でも認められ、社会主義労働青年同盟[*16]（労働党の青年組織）の委員長として活動していて、平壌にも通っていました。党の指示に忠実に従っていた彼女の家は、近所の誰もが知っているほど貧しく、結局食べるものがなくなり、彼女は十九歳の時に中国に渡りました。その時は次のように考えていたそうです。

・食べものがなくて中国に渡りましたけど、中国に渡って最初のうちは首領様に申し訳なくて、誰に出すのでもないのですが、懺悔の手紙を書きました。中国で金日成のことを悪く言う人にも腹が立ちました。その感覚がなくなるまで二年半くらいかかりました。

私の工場で働くミョンスクは、中学のとき学級の副委員長でした。金日成主席に関してこんなことを言いました。

・金日成が死んだときは、ホントどうしようかと思いました。私だけじゃなくて、人民もみんな喪に服して悲しんでいました。

われわれ外国人は、金日成主席が死んだとき人民は無理やり泣き真似をさせられていたと聞いていますが、脱北者によると彼らは本当に悲しんでいたとのことです。

・金日成の誕生日など名節の準備のために教室を飾ったりするじゃないですか。夜遅かったり、寒かったりしても、楽しくやっていましたよ。もともと何かを無理やりやらされるのは嫌いなほうですけど、自分としては楽しくやっていました。

そのミョンスクは、脱北後中国で捕まって北送され、監獄で二年半を過ごして出てきた人です。彼女は傷害が残っていて一般の会社では働けないので、私の工場で自分なりのペースで働いていてくれます。工場では、朝鮮の制度に対しての不満は言いますが、たとえば監守などに対しても不満を述べることはありません。

＊16 現在は、「金日成金正日主義青年同盟」という。朝鮮人民は、小学校二年生から少年同盟に所属し、青年同盟を経て、職業人、主婦などで構成される労働党の管理する団体に所属するようになっている。

朝鮮でも、金日成主席に実際に会った人は多くいるわけではありません。彼らの知っている金日成主席は、イエスや釈迦にも劣らないほどの人格者であり能力にも長けた人物です。人民は、親を敬うよりも先に彼を敬うように教育されます。朝起きると最初に挨拶するのは「親愛なる金日成同志」であり、日頃の生活で金日成主席が聖人を超えた存在であることを宣言します。この仕組みの中では、金日成主席に対して率先して敬意を示す人も尊敬に値する人たちということになるのです。見事な偶像化教育です。

ですが、ここでしっかりと見ないといけないことは、彼らは実際の金日成という人物に敬意を払っていたのではなく、作り上げられた首領様金日成同志に敬意を払っていたのだということです。人民が尊敬しているのは、我欲を捨てて活動し、老人・子供・女性すべてに愛情を注ぎ、悪なる敵に対しては恐れを知らず徹底的に戦い抜く、武力、戦術、知恵、全てにおいて優れている「金日成首領様」なのです。その架空の人物を、親のようにしたうことが彼らの生活だったのです。

つまり、キリスト教の信者がイエスを信じているのと同じように、朝鮮人民は金日成主席を信じているのであってその姿勢は至って正常なものなのです。金日成像は否定的にみても、人民がそれを信じていた姿勢は否定すべきものではないのです。

また、私は、研究を始めたころ、現実に金日成主席とともに活動した人士たちが、彼の何に惹かれてついていったのか気になっていました。それを脱北者たちに聞くとこんな風に答えます。
・金日成は、身内を本当に大切にしていたみたいですよ。(ミョンヒ)
・初期のころ、金日成と一緒に活動していた人たちは、ホントに国家のためを思って、全てを投げだして働いていた人だったと聞いてます。(ミョンスク)

脱北者たちは韓国に来て、真実の情報を知った今でもこう言うのです。若い金日成とともに働いていた人は洗脳されていたのだ、というふうには話しません。いまだに金日成主席と共にいた人たちをある程度は認めているのです。

韓国に来て、脱北者は自分が信じていた金日成像と、その実像の違いに驚いたはずです。結果、韓国に来たのちまで、以前のように金日成に敬意を払う人はいません。ただ、理想の金日成像を信じていた家族や教員の行動までを否定する必要はありません。むしろ、理想の人物を信じて生きていたことは賞賛に値すると見るべきでしょう。

脱北者に対してわざわざ、朝鮮の指導者に対する見解を正してやる必要はないでしょう。彼らは、新しい生活の中で自然に考えを修正していくのです。彼らが信じていたことの中に、そうすべきものが含まれているからです。

マスゲーム

朝鮮で学生たちを大々的に動員して行うマスゲーム・公演「アリラン」があります。十万人にも及ぶ人員で行うもので、二〇〇七年に規模の大きさからギネスブックに載り、北朝鮮当局が世界に類を見ない傑作と誇るものです。内容は、終始、最高指導者の賛辞のパフォーマンスで、動員される子供たちは、長時間の公演では、汗と排泄物にまみれると言います。無理な動員や訓練のため事故が起き、子供たちが死亡しても公演が中止になることはありません。韓国でもこれを人権侵害として否定的に見ることが多いのです。脱北者のスネも「公演という名の暴力です」と言い、朝鮮当局の姿勢を非難します。

ただ、スネはこんなふうにも話します。

・集団体操は、平壌だけではなく、同じようなものが地方にもあるんです。幼稚園に通っているころから動員されました。朝六時起きで、終わるのは晩十時だったかな。フラフラになりました。そりゃ大変でした。いま思えば、本当にいい訓練になりましたけれど。

幼稚園児までこんなふうに強制されるのです。それでも親は反対せずに練習に参加させます。まさに国家が一体になってやっている事業です。

・韓国人は、集団体操のことを学生たちへの偶像化教育とか人権侵害などといって批判しますが、トンでもないです。集団体操による効果がどれほどのものか、やっていない者には分からないですね。学生同士の連帯感、成功した時の達成感、韓国で同じようなことを感じる場がないですよね。（五〇代男性）

この男性は韓国で経済の研究をしていますが、韓国の一面的な視点に少なからず不満をもっているようです。強制であったとしてもそこでしか得られない体験があるのだと、マスゲームについて肯定的な面を訴えています。

マスゲームは、社会主義国でよく行われてきた演技ですが、日本でもスポーツの応援などでは大規模に行います。一体感や達成感があり、適切に行えば教育上非常にいいものでしょう。その感覚を多くの人民も体験していることを無視するべきではないと思います。

愛国心・忠誠心

国民が国家を支える思いを「愛国心」といいます。愛国心を一般的に辞書でみると以下のように説明されます。

・自己の属する国家と自己とを一体のものと感じるところに生じる愛着感。近代的意味における愛国心は、国民国家を専制君主や外敵から奪回し、自由な市民の共同体として形成、維持すること、またそのような共同体に奉仕することを内容とするものであって、国家への非合理な盲目的服従を意味するものではない[*17]。

愛国心は、現在の日本ではデリケートな言葉になっていて、政治的な思想論争に発展することが多いのですが、私にとっての愛国心は、自分が所属する家庭を愛するのと同じように、自分が所属する国家を愛する心という解釈以外にありません。どんな団体でも、その団体を愛する人が多いほど発展します。国家の発展も同じで、歓迎されるべきものです。人は、家庭で育ち、年齢が上がるに連れて、学校・学級などの小規模な団体に所属し、さらに大きな会社、共同体などに所属しながら活動するようになります。その境界線が明確なもので最も大きなものが国家だと考えていいでしょう。家庭や小さな集団のために尽くすことの延長として、国家に尽くすことでその発展を願うのはごく自然です。自分の会社は愛するけれど、国家の発展は関係ないという論理は成り立たないのです。基本的には、家庭や学校、会社などを愛する心と、国家を愛する心は連結されているのです。為政者が国民を軍国主義に導く危険性のために愛国精神を否定するのは、為政者の問題であって愛国心の問題ではありません。

朝鮮は生活の全ての場面において愛国心を強要していますが、人民が知っている国家とは、教育を通して植えつけられた国家であって、本人たちが実感した国家ではありません。朝鮮では「無条件に自らを国家のために捧げる」のが愛国心なのです。その愛国心を利用した極端な制度は、我々の想像できない方向にまで進んでいます。朝鮮で優等生として育っていたミョンヒと愛国心について会話をした時、彼女はこんな話をしました。

・学校から実際に公開処刑に連れていかれ、公開処刑場の前で殺される人を見ながら「元首様に逆らったんだから当たり前」とか本気で思っていました。本当になにも知りませんでした。バカでした。（ミョンヒ）

朝鮮の恐怖政治は、当局に恐怖の故に反発しないだけでなく、積極的に元首に従おうとする力まで与えているのです。ただ、現在、ミョンヒは、ハッキリと「愛国心はない」と言います。現在、彼女の愛国心は、こんな風に変わっています。

＊17　ブリタニカ国際大百科事典　https://kotobank.jp/word/%E6%84%9B%E5%9B%BD%E5%BF%83-23666

・国家や政治家に対する信頼はありませんが、会社の社長などで信頼できる人がいたら、その人のためにも一生懸命やるという気持ちはありますよ。（ミョンヒ）

韓国に来て、三〇代後半で大学卒業、本来、好きだった理工学系の会社に就職してからは、独学でコンピュータ設計をするようになりました。今は会社の信頼も得ています。元々、能力があったということもありますが、朝鮮で培った、自分の所属する団体のために活動するという精神も彼女の会社での活動に影響を与えているはずです。

また、韓国には朝鮮の工作員たちが多くいます。彼らは、強烈な愛国心を持っています。知人に元工作員が三名いますが、彼らはいずれも信念をもって国家のために命を捧げることのできる人です。能力があり、純粋な心を持っていて人格的にも立派です。韓国の生活の中で危険人物と悟られないような物腰の柔らかい人が多いのです。「それが工作員の全般的な特徴ですよ」（元軍人五〇代男性）と脱北者もいいます。そんな彼らは、韓国生活を通して、朝鮮という国家に裏切られたことを知り韓国側に寝返るのですが、韓国に対しても誠実に生きていくものです。

愛国心に対する他の脱北者の反応を詳しく見てみましょう。私は、他に四人の脱北者とも愛国心について会話しました。最初は、比較的模範生だったミョンスクです。朝鮮での生活を振り返ってみて、忠誠心はあったと思うと答えました。

・国家に対する忠誠心はあったと思います。ただ、資本主義社会でもそこに所属するならば、守らないといけない規則があり、それを守ろうという責任感があるのと似ていると思います。自分は、どこに行っても「してはいけないこと」を最初に考えて行動します。相手がいやがることをしないようにと考えて。自分は、どこにいても、そこに適応しようとする思いが強い方だと思います。（ミョンスク）

ミョンスクは、私の工場で働いていますが、韓国に来てからも基本的には同じように生活していると言うし、真面目に働いてくれています。同じような位置に分類できる脱北者が、あと二名います。まずは、ジョンミンです。彼女は、日本から朝鮮に渡った両親をもつ帰国者です。

・国家に対する忠誠心については、教えられる通り、それだけを受け取り、発言する時も教えられた言葉をそのまま使っていただけで、そんなものだと思っていました。試合の前とかに、人に聞かれたら「党や国家のために外国に出て一等二等になる」とか言っていましたね。「忠誠しろ」と言われればしているふりをしながら生活してたんです。

・我々の愛国心は無理やり押し付けられたものです。でも、中国に長い間いて北朝鮮や韓国の状況が分かってきたあとでも、南北で戦争がおきたら、北朝鮮側について韓国と戦わないといけないと思っている自分に驚きました。また、韓国からお世話になっているので、なにか韓国に対して貢献したいという程度の愛国心もありますね。北朝鮮に対して愛国心と言えば、北朝鮮にいる人のためになにかをしたいということはありますね。

・国家と関係なく、周辺の人や自分と直接関係のある人と助け合いながら生活するということに関しては、小さいころから普通にやってきました。国家とは関係ないと思います。今でも、韓国人よりも北朝鮮人は、お互いに助けあう心は持っているし、実際に助け合っていると思います。

ジョンミンと近い立場にいるのは、ソンヒです。

・愛国心はあったかどうかというよりも、あるべきだと教育を受けました。国家から行けといわれれば行って、作れといわれれば作って、それが愛国心だと思っていました。それ以上にはなにもありません。あるとかないとかを考えたことがなく、命令された内容をする以外に方法がないのが忠誠心です。心の中に忠誠心があったのかなかったのかは分かりません。忠誠心という指示についていっただけ。北朝鮮の体制が、人民は全てを捧げて、それに対して分配をうけるということだから、それに従っていただけです。
・韓国に対して愛国心があるかと言われれば分かりません。韓国と北朝鮮の中間に立っているのでしょうね。北が社会主義を捨てて、韓国のようなシステムになったならば、なんといっても北朝鮮人であるから、北のほうに愛情がいくでしょうね。
・自分の意思で、北のいう忠誠心の方向に進む人もいるでしょうけど。宗教と同じで、それにはまりこんでしまうと将軍様を信じていく人もいるでしょう。自分の家庭では全員、そこから距離が遠かったですね。

ソンヒとジョンミンは、脱北者の平均的な感覚ではないでしょうか。
次は、朝鮮にいる時期から、内面は国家に反発していたというミンジです。

・愛国心という意味は、将軍様を大切にするという人為的なもので、自分には愛国心はありませんでした。故郷、友だち、近所の人たちを愛するという意味では愛国心はあるけれど、金日成の国家という意味では全くありません。経済的に困難になる前から、すでに忠誠心や愛国心はなかったと思います。「(国家を)愛している」と言えといわれるから言っていましたが、実際に愛したことは一度もないといっていいと思います。
・今の体制ではなくなった北朝鮮と、韓国と、統一韓国を比べたら、北朝鮮に対する愛情が一番強いでしょう。でも、それ以外にも愛情はあるし生まれるでしょう。韓国に対しても自分を受け入れてくれたことに対して感謝できるし、韓国の愛国歌を聞いて涙が出ることもあります。北朝鮮に対しては、故郷に対する懐かしさと、父母に対する孝行ができなかったことの後悔はありますが、国家に対しての感謝は今も当時も全くありません。

学校の先生に対して母親以上に愛情が湧くというミンジは、故郷の人に対しては非常に強い思いが残っていると言いますが、国家に対しては全く意識がなかったとも言います。ただ、韓国が彼女を受け入れてくれたことに対して感謝の念を持つように、ミンジは、国家＝首領という意識から愛国心に反発しているだけで、国家＝国民という意識にたったときは、違った感情を持っていると見ることができます。

五人の脱北者の話で注意が必要なのは、愛国心・忠誠心共に「無条件に自らを国家のために捧げる」ことを意味しているということです。彼らの「国家を愛していない」という言葉は、「国家のために命を捧げるつもりはない」という意味なのです。国家に裏切られた脱北者には、国家に対して無条件にすべてを捧げる意志は内外共になくなっています。しかし、朝鮮での彼らの生活は、国家に対しての活動ではなく、共に生活する人民との親密な関係であったので、皮膚で感じてきたその生活は、今でもそのまま残っています。

「朝鮮人民は洗脳されている」というような印象があるようですが、彼らも当然、普通の人間の感覚を持っています。彼らの愛国心は、強制的に教育された部分はありますが、それでも、正常な感覚が持てる地域で生活すると、人間の良心がうまく調節してくれるようです。私にとっては、サッカーの国際試合の時にだけ鼓舞するような愛国心よりも、彼らが調節しながらもっている愛国心のほうが好感を持てるのです。

集団主義と個人主義

朝鮮での集団生活が、学生に非常によい影響を与えていることについて、ここまで触れてきました。また、脱北者の長所を見る上で、本書では集団主義を中心に見てきました。ここでは、集団主義と個人主義について考え、これまでとは異なる見方を考えてみたいと思います。

一般的に、集団主義とは、個人の利益よりも集団・共同体の利益を優先させることで、集団主義の対極にあるのが個人主義だと認識されています。集団主義と個人主義に関する研究は、これまでにも盛んに行われてきています。オランダの心理学者ヘールト・ホフステッドの発表によると、最も個人主義の意識が強かった国家は、アメリカで、それにオーストラリア、イギリスとヨーロッパ諸国が上位を占めます。日本は二十二位、韓国は四〇位で、中南米諸国が下位になっています。[*18] 集団主義的だと認識される日本が中間にいたのには、ホフステッドにとっても意外だったといいます。

日本人の多くは自分たちを集団主義的だと認めています。しかし、高野陽太郎[*19]は、日本人が集団主義であるという認識は錯覚で、アメリカ人と日本人のどちらがより集団主義的であるかという点について、両者に違いを認められないと主張しています。集団主義的文化のなかで生活しているはずの日本人が実は個人主義的であり、アメリカ人の方が集団主義的だと見ざるを得ない部分も存在するというのです。

私は、個人主義と集団主義をこれらとは違う視点で見ています。もともと、個人主義と集団主義は、反目する意味として区別をつけるべきではないのです。健全な人は、自分の良心に照らし合わせて、自分の個人主義的な側面と集団主義的な側面をバランスよく生きているのです。

たとえば、国に関係なく、親は子供に「あなたの好きなことをやって幸福になってほしい」と願う一方で「自分のことばかり考えないで家族のことを考えなさい」とも教え、子供も親の言葉を聞いて納得するものです。また、日本や韓国のサッカーチームが、西洋や南米のチームに勝利したときに、「厳格さ、規律、連帯感の勝利」などの面を賞賛されることが多いものです。このことは、東洋人は集団主義的だという印象を与えるものですが、東洋の国家の選手は、チームに貢献することが自らの勝利にもつながることを知っています。個人の喜びを無視しているのではありません。

個人と集団の利益追求は、どちらかを優先させるよりも、バランスを保ちながら一方の利益だけに片寄らないようにするのが理想的であることは、我々は生活のなかで自然に感じているのです。

韓国には「集団利己主義」という言葉があるのですが、この現象は社会学的にも問題視されています。その意味は「特定の集団が他の集団や共同体、あるいは国全体の利益を考慮せずに、自分の集団の利益だけに固執する態度や行為[*20]」となっています。

＊18　様々な国の文化（国民性）を定量的に測定し指数化しようとしたのがヘールト・ホフステッドである。ホフステッドは米ＩＢＭの世界四〇カ国十一万人の従業員に行動様式と価値観に関するアンケート調査を行い、一九八〇年にはその国の文化と国民性を数値で表すことのできる「ホフステッド指数」を開発した。現在は、調査の地域数が一一〇になっている。https://geerthofstede.com/research-and-vsm/dimension-data-matrix/

＊19　高野陽太郎『集団主義という錯覚』（新曜社：二〇〇八年）

＊20　韓国民族文化大百科事典による。http://encykorea.aks.ac.kr/Contents/Index?contents_id=E0068921

韓国ではこの集団利己主義的意識が非常に強いのです。集団の長が述べた意見は内容に関係なく善で、その集団以外は悪になるのです。自分の集団よりも大きな範囲で物事を考えて、自分たちの言動を判断するということが非常に難しい文化です。それは、地域感情にも見られ、慶尚道は保守派、全羅道は進歩派と決まっています。選挙結果は常にきれいに色分けされるのです。実は、この問題が、統一に対しても非常に大きな影響を与えているのです。南北の統一の前に、韓国内の保守と進歩が常に相容れないのです。また、日本に対しての反発も、韓国と日本という地域感情です。これは、朝鮮民族の文化です。朝鮮民族が最高責任者に従うのは、文化によるところが強いと思います。

さて、この問題の核心はどこにあるかというと、個人主義でも集団主義でもなく利己主義にあるのです。一般的に個人主義と集団主義が反目していると言われていますが、実は、個人主義と個人利己主義、集団主義と集団利己主義が反目しているのです。

それは、幸福な家庭をみれば一目瞭然です。幸福な家庭は、個人と家庭、どちらも重要です。母親が病気になったら、家族全員で看病し母親の仕事を分担します。息子の受験勉強の時期には全員で協力します。父母の結婚記念日を祝い、個人の誕生日を祝います。家庭全体や個人が幸福になるために、全ての者がそれぞれの立場で奉仕します。この理想的な集団主義・個人主義の感覚が社会に展開されないことこそが、社会問題を引き起こしているといえるでしょう。

アドラーの共同体感覚

アドラーの心理学は、朝鮮の集団主義を否定的に見るだけでは見えなかったものを見えるようにしてくれます。ここで少し詳しく述べてみます。

アルフレッド・アドラー（Alfred Adler）は、最近日本でも『嫌われる勇気』（岸見一郎、eBook）という本を通して多くの人に知られるようになりました。アドラーの心理学は、とくに子供の教育に非常に多くの示唆を与えてくれるものです。より詳しい説明はそちらに譲りたいと思います。

私がアドラー心理学の中で今回注目するのは「共同体感覚」です。この共同体感覚は、先にあげた集団主義と個人主義の融合的な意味合いを含むものではないでしょうか。

ここで、アドラーの共同体感覚の特徴をあげ、朝鮮の集団主義との類似点を探っていきたいと思います。[*21]

＊21　参考文献：アドラー『人生の意味の心理学上・下』、『子供の教育』、『性格の心理学』、『人間知の心理学』（アルテ：二〇〇八〜一〇年）、『生きるために大切なこと』（方丈社：二〇一六年）、岸見一郎『アドラー心理学入門』（ベスト新書：一九九九年）、野田俊作『勇気づけの方法』（創元社：二〇一七年）

1「人生は全体のために貢献することを意味する」

人は他の人と密接な関係を持ちながら社会生活をします。「個人はただ社会的な関係でのみ個人とされているものである」という表現を使っていますが、たとえば、人は他人と区別するために名前があるということです。もし、人が完全に一人で生きていくのであれば言葉さえ必要ないということです。

人は、人間関係を結びながら生きていくのですが、他人の立場に立って考えることができる感覚が必要です。「他人の目で見て、他人の耳で聞いて、他人の心で感じること」です。共同体感覚では、これを非常に重要な要素だとしています。

相手に関心を持ち、相手から与えられるより与えることを考えることで、結果的に相手から与えられるようになります。この相手とは一人にとどまらず、自分と関係ある人たち全てに拡大されます。「人生は全体のために貢献することを意味する。人生の意味は貢献、他者への関心と協力である」。それが、社会的存在である人間の理想的な生活であるのです。

利他的な行動については異論を述べる人もいます。他の人のために存在する前に、まず自分自身のことを考えるべきだと言うのですが、アドラーはそれを否定します。「自分のことだけを考える人は他人と協力できず、問題が発生したときに責任を転嫁する。そうすれば、自分の課題を解決する機会まで失ってしまい、結果的に本人の成長もできないようになるだろう」。利他的な行為は他人に役立つだけでなく、本人の成長につながり、また総合的に共同体での自分の価値を高めるのです。

共同体とは、家族、学校、社会、国家、人類などがあげられますが、アドラーのいう共同体は、過去・現在・未来のすべての人類、生物・非生物まで含まれます。彼は、共同体を「模範的な理想」「人類が完全に目標に到達したときに考えている永遠のもの」などと表現しています。人が成長するためには、現在自分が所属する共同体を前提とするよりも、理想的な共同体の建設を目標にしたほうが、活動が肯定的・積極的になり人の成長により良い影響を与えるということなのです。

「全体の為の貢献」は、朝鮮で人民に行っている教育の核心部分です。生活のすべての場面で、国家のために犠牲になることを強要します。言葉としては、アドラーと朝鮮で同じです。

また、朝鮮では、理想的な社会主義国家像を述べながら、民衆を鼓舞する傾向が強いのが特徴です。現実の辛さを、理想像を訴えて鼓舞する目的もあるでしょう。

また、朝鮮は朝鮮戦争後、灰の中から理想的な国家建設を目指しました。それは、贅沢を捨てる教育を基礎として、人民が一つになった事業でした。そして、一九六〇年代前後まで国家経済が順調に成長したのです。この建国初期の実感は、理想世界を掲げるうえで大きな影響を与えたでしょう。以降、経済的に低迷した時期にも集団主義精神が否定されず、朝鮮の文化として定着したのです。

人の成長のためには、意識を現実の共同体に合わせるのではなく、理想の世界にまで広げて考えたほうがよい、という点でも、アドラーと朝鮮は似ていることになってしまいます。

ただ、朝鮮のいう「全体」はあくまで朝鮮民主主義人民共和国であり、範囲を広げたとしても朝鮮民族とその友好国までです。これはアドラーの共同体とは異なりますが、朝鮮以外の世界を見たこともない多くの人民にとっては、それは全世界と同じような意味であったのかもしれません。

2「共同体感覚は現存する社会に適合するわけではない」

アドラーは共同体に貢献しなければならないと主張しましたが、必ずしも組織に適応しなければならないと強調したのではありません。共同体感覚は、模範的な理想を意識しながら活動するためのものであり、現存する社会に適合するためのものではありません。

人は社会生活をしながら複数の共同体に属しています。自分が所属している最も近い共同体の利益と、それを含むより大きな共同体の利益が相反する場合、大きな共同体の利益を優先することが適切であるとアドラーは考えています。

アドラーが共同体感覚という言葉を使った時のエピソードを挙げてみます。第一次世界大戦中、軍医だった彼は、精神的に傷を負った兵士の外傷を治療しながら、回復したとしても前線に復帰させることを良い行為ではないと判断しました。アドラーの共同体感覚では、善悪は状況に合わせて判断するべきだというのです。殺人を強要する国家は理想的な共同体ではないと判断したのです。「すでに戦況がほぼ決定しているにも関わらず、司令官が兵士数千人を死に追いやるとすれば、その司令官が国の為だと主張しても同意する人はいないだろう」とアドラーは言いました。兵士を死に追いやる国家よりも、平和な国家や世界が「より大きな共同体」だということです。

この内容は、朝鮮の集団制度とは明らかに異なっています。

朝鮮では、個人の利益追求を個人利己主義として否定し、国家への貢献だけを要求します。一九九〇年代後半、苦難の行軍と呼ばれる時期にも、国家のための要求が減ることはありませんでした。「軍に対する支援を減らして、住民に分配していたらあんなに大勢の人が死ぬことはなかったと思います」（ミファ）。

能力のある学生に対して英才教育を実施し、高い地位と経済的な利益を約束する、などといった対応はありますが、それは国のために貢献することを前提としたものです。そして地位が高くなると、それだけ国に対する忠誠が求められ、裏切りや粛清の危険性も高まるのです。

朝鮮の全体に対する貢献は、国家の為に行われることが最優先で、国家が人民を優先することはありません。「一人は全体の為に、全体は一人のためにといいますが、一人の為にしてくれることはないんですよね」（ミョンヒ）。

朝鮮の集団主義教育制度とアドラーの共同体感覚との相違点をもう一つ述べておきましょう。アドラーは、個人と他人は協力関係にあると主張します。共同体を宇宙まで広げれば、理想的な世界には敵が存在しないということになります。しかし、朝鮮の他者との関係は、協力関係だけだとは認識されておらず、敵対関係にある他者を徹底して憎悪の対象にします。敵は、米国、日本、韓国という他国だけでなく、主権に反した人民も含まれます。「罪を犯したものは、人間でないという判断です。だから、あんなことができるのです」（ミョンスク）。

社会主義国家は、安定した国家が出来てこそ、その国家の恵沢を国民が受けることができる、という思想で建設されます。しかし多くの場合、国家が優先され人民が犠牲になるのです。それが社会主義国家が崩壊していった原因の一つであり、理想的な国家像が健全な形で認識されていないのです。

3「人は共同体の中で共生の倫理に基づいて成長する」

人は共同体の中でルールに基づいて生きていくものです。共同体とは共同体が持つルールを含めて共同体なのです。規則や教育、法律、文化など、すべてを含んだ共同体で、人は成長して行くのです。その生活の中で、信頼性、誠実さ、率直さ、真実の愛などを普遍的で正しいものだと感じるようになります。

人は共同体から離れて生活することはできず、共同体のルールに従いながら生きていきます。共同体の中で理想的に暮らしている人は、まずその共同体内の共生の倫理に基づいて生活し、そこから絶対的な真理や理想的な共同体に向けて生活し成長していくのです。

朝鮮人民は朝鮮という共同体の中で人間として普遍的に存在している信頼性、誠実さ、正義などを中心に生活し、成長していると見ることができます。

苦難の行軍時期には多くの人民が死亡しました。国家の指示に従って、配給だけで生活していた人たちの多くは亡くなったのです。賄賂と闇市場での経済活動をしていなかった人は、国家にとっても模範的な人間だったのです。その人たちは、共に生活していた人たちの目にも模範的に映っていました。

脱北者たちは全員、「キツネ（騙す者）だけが生き残りました」「いい人は苦難の行軍の時にみんな死にました」と言います。亡くなった人は、騙すこともせず正直に生きていたのです。国家と人民のために誠実に生きていた人に対して、脱北者たちは残念に思っても軽蔑はしません。ミンジが、母親のように慕った教員が賄賂を受けとれず死亡したのではないかと涙を流しながら話す様子を見ても分かります。

朝鮮では、上から決められた集団内で日々の活動を行います。そのなかで円満でかつ固い人間関係を作っている様子を聞くことができます。共に活動する相手を自分で決めるのではありません。好き嫌いに関係なく、同じ作業を共に続けないといけないのです。彼らも人間ですから好き嫌いはありますが、それでも自分の感情を横において交流することで、次第に良い関係を築けるのです。それが続くと、初めての人に対する拒否感は減少し、深い人間関係を結ぶことに積極的になれます。

これには、共産主義であるため貧富の差がないことが関係しています。「誰の家の箸の本数まで知っていた」というのです。それが嫉妬や差別を生み難くしたという一面もあるでしょう。私は、脱北者たちが、自由主義圏の人よりも明らかに人の好き嫌いがないことを感じます。

問題がある制度の下でも、共同体の倫理を守り、人として成長しているという事実を意識しなければならないでしょう。集団主義が強制であるにしても、人民たちは全体のために貢献していたのです。他人に良い影響を与える努力をしながら、本人たちの人間性が成長したと見るべきでしょう。

4 「私に価値があると考えるだけで勇気を持つことができる」

アドラーは、共同体感覚を持つ可能性は誰もが持っていると言います。共同体感覚は教育を通して得ることができ、そのことが子供に勇気を与えるとしています。

人は、困難に直面すれば、それを解決しようという勇気が必要になります。その勇気は自分に価値を感じるところから生まれてくる、とアドラーは言います。

アドラーは「自分に価値があると感じるのは、自分の行動が共同体に役立つ場合だけ」だと言います。それが分からない子供たちには「ありがとう」「役立った」などの言葉をかければ価値を感じることができるようになると述べています。共同体のなかで役に立ったという経験は、他の者が敵ではないという認識にもつながります。自分がそうしたように、自分が困難なときに助けてくれる仲間がいることを、共同体での体験を通して実感するようになります。

共同体感覚を養うための教育とは、子供たちに共同体の中で助けたり助けてもらったりする機会を与えることを通して、自分の価値を実感し問題を解決する自信を持つことができるようにすることなのです。それが、勇気となるのです。自分にしか関心を持たない子供に他人への関心を持たせ、体験を通して価値を感じさせてあげることが教育なのです。

アドラーの教育の観点から見れば、朝鮮の教育制度は、結果的に子供たちに勇気を与えていると見ることができます。

徹底した集団主義教育により、個人の成績より学級全体の成績が上がることを重要視するため、学生同士教え合い成績が向上していること。また、その他の学校生活では、学生に強烈な負担になるっているものの、様々な場面で学生が協力し解決することが要求されています。学校の修理用材料の収集、課外時間労働、春・秋の集団「農村動員」などがそれです。学生たちの協力は、常に同じ学級の学生で繰り返されるため、それぞれの得意分野で違う学生が貢献することができ、自分自身と他者の価値を認識する機会が多く与えられているのです。それらの体験が自分の価値を感じることに繋がっていることは間違いないでしょう。

以上の内容をみると、朝鮮で学生たちが活動している環境は、共同体感覚を育てるうえで非常に有効なものになっていると言わざるをえません。強制された集団主義的教育制度であっても、共同体感覚の意識の形成に肯定的な影響を与えたのです。

私が、なによりも注目したのは、アドラーが述べる「勇気」です。人身売買、北送、拷問、投獄、飢餓、子供との離別など、言葉で表現できない苦難に遭いながら、韓国で積極的に生きていこうとする脱北者たちを見てきました。その強い精神力は、目の前で起きた生死に関わるような問題をも解決しようとする力、つまり生きて行こうとする「勇気」と言い換えることができるでしょう。朝鮮当局の無理な命令の下で、学生は互いに協力しながら、我知らず勇気を育てていったと見ることができます。

朝鮮の集団主義は、完全な形ではないにしても、共同体感覚を育成し、個人としての生きて行く力を与えていることを知ることができるのです。

第五章　脱北者の短所

私は、脱北者が怖いんです。私の前の会社にいた男性ですけど、自分は元軍の幹部だったといって、自分に何かすると普通でいられなくするぞ、みたいなことを言うんです。会社の社長も社会貢献のつもりで雇用したみたいですけど、無理に辞めさせるのも怖くて。最初にコーヒーを淹れてあげたら、そのうち命令するようになって断ったらモノを投げたり。そのうち、二重瞼の手術をした化粧の厚い女性を連れてきて、彼女たちは何でも言うことを聞くんだとか言って…怖くて、脱毛症になりました。（韓国人五〇代女性）

これは、新しく私の工場で働くようになった女性が、私の工場に脱北者がいることを聞いて語ってくれた話です。

私は、脱北者との交流のなかで「脱北者には私たちでも想像できないほどひどいヤツがいるんですよ。たぶん、韓国人よりも悪いです」というような話を何度も聞きました。

右の男性は、自分が朝鮮でどんな生活をしていたかを確認する術がないことを利用して、暴力的に行動する脱北者の一人です。看護学校卒なのに医学卒だといって韓国の医学大学に編入しようとする脱北者などもいます。

締め付けられた集団主義社会から解放された結果、韓国社会では自分勝手に生きて良いと錯覚しているのです。個人差はありますが、多くの脱北者がもつ問題点の一つでしょう。

そんなこともあるからでしょうか。脱北者同士の交流を嫌っている脱北者も少なくありません。また、脱北者間では、詐欺などの事件も起きることが多いのです。問題は、簡単ではありません。生活習慣の違い、不安などから起きる葛藤が非常に多いのです。

これまで、脱北者の長所を探すという観点から文章を書いてきましたが、彼らにも短所はあります。その短所が、彼らの韓国定着を妨げているのです。

人の長所や短所は、個人の特性・家庭環境などの固有の原因だけでなく、政治体制や思想体系などの大きな環境からも影響を受けるものです。この章では、朝鮮の環境・文化からの影響によって彼らに生まれた短所について検討してみたいと思います。

これらの短所は、彼らが生活のなかで身につけたものですから、統一により制度が変わったところで、すぐさま改善できるものではないでしょう。それだけに、統一にむけて知っておくべきことだと言えるかもしれません。

約束を守らない

韓国にイ・ウンミという歌手がいます。彼女が、韓国に入国した脱北者が三万名を超えたことを知って、本人の全国ツアーに脱北者を招待する企画を組んだことがあります。その際、各地の脱北者の団体に連絡をして、参加希望者を集めてもらいました。私も各地の支援団体に連絡をしたり、希望者を直接集めたりしました。

イ・ウンミは、韓国でも有名な歌手で、コンサートチケットは平均一〇万ウォン程度の価格になります。脱北者のほとんどは経済的に厳しいので、その金額を払って友人とコンサートに行くことはできません。「こんなコンサートは初めてです」といって感激する人がほとんどで、希望者は簡単に集まりました。コンサートの二週間くらい前に告知をしました。

ところが、コンサート当日に実際に集まった人数は、(私の記憶では)七〇%程度にすぎませんでした。企業による招待でも当日来ない人が多いのが普通なので、七〇%という数字が実際に多いのか少ないのか判断が難しい部分はあります。ただ、各地域の担当者はかなり苦労して集めてくださったのだと思います。私も希望者を個人的な知人を通して集めました。「事情で来られなくなったら仕方ないですが、せめて前日までに連絡してほしい」と参加予定者には伝えました。しかし、連絡もせず会場に現れない人はどのコンサート会場にも多数いました。

コンサート終了後、各地域の担当者と話をしましたが、この手の仕事には脱北者を支援している人たちも苦労するようです。彼らが会場に現れない原因は、次の二つだとある地域の担当者が言っていました。

・脱北者は、同じものをもらうことが習慣なので、自分の好みに関係なくもらえるものは一応申請する。
・約束をしても、自分に懲罰が来ない場合は簡単に破る。

これは社会主義国の人間にはよくある現象で、なにも脱北者に限ったことではありません。当の脱北者たちはこの二つに加えて次のような見解を述べました。

・個人的な約束をすることに慣れていない。
・国家が約束を守らないうえ、電車も決まった時間に来ない国で育ったために、約束を守ることの重要性を感じていない。

約束を守ったからといって自分の生命が保証されるわけではないため、約束を守ることよりもその時々で起きた出来事に目がいき、自分を守ることを優先するようになってしまうのです。

私の工場で働いている脱北者たちは、基本的には時間を守ります。しかし、時間について常に厳しく注意していなければ、自分の都合に合わせていくようになります。もちろん、これはある程度はどこの国の人でも同じことだろうし、また個人差もあります。なかには最初から時間を厳守する脱北者もいます。

私との待ち合わせに遅れたりすることは普通にあります。自分の都合で待ち合わせの時間を変更することは本当によくあります。自分がしたいように生きて行くことが優先されているように感じます。朝鮮にいた時に国家からさまざまな強制を受けていたことの反動でしょうか。それがなくなった韓国では、小さな単位での約束に対して十分な注意を払っていないように思えます。

相談して合意できない

朝鮮の状況を考えれば容易に分かることですが、脱北者たちには複数で会議をして結論を出す能力が欠けています。理由は簡単です。そんな経験がほとんどないからです。

・上からの命令を聞いて、実行するかしないかだけです。(ミョンヒ)。
・十のことをやれといわれて、事情を考えて八にしましょうなんて提案することはありません。提案してうまく行かなったから粛清されるので、誰もなにもいいません。(ミファ)

脱北者の誰に聞いても、ほぼ同じように答えます。

北朝鮮開発研究所所長。北から韓国にきた脱北者の証言をあつめて、現状に近い北朝鮮の様子をデーター化している。脱北者出身の研修者を育てながら研究を進めていて、所長はじめ研究者も慣れない韓国の生活で苦労することが多い。

資本主義社会では、議論をして結論を出すということは日頃からよく行われます。しかし、朝鮮ではその議論の機会がほとんどないのです。結社の自由もないし、家族旅行もしません。自由が与えられていない彼らには、集団でなにかを決めて行動するという機会が非常に少ないのです。自分一人が生きていくために決死的な選択をすることはあっても、複数の人間が集まって何かをすることがないのです。したがって、たとえば、Aの意見の一部とBの意見の一部を組みあせて、新しい結論を出す…などということが非常に苦手です。

脱北者の場合、AとBとの議論になると、自分の意見を通すか相手の意見に従うかの二者択一になるのが常なのです。脱北者がつくった企業や各種団体がうまく運営されないのは、資本主義社会のシステムに慣れていないからだとよく言われますが、具体的にいえば、会議をして方針を決めるという文化に慣れていないことが原因だと思います。

博士の学位を持っている脱北者の知人は数名おり、セミナーなどで彼らが議論しているのを見かけることがあります。そこで何か問題が起きるということはありませんが、ただ、学問というものは、自分の主張を曲げて相手と共通の結論を出す必要はないものです。一方で会社の経営などは、最終的に一つの結論を出して、しかも他のメンバーを同意させなければなりません。そこで相手を説得させなければならないのですが、それが難しいようです。上司が部下に押しつけて事態を乗り越えていこうとします。脱北者が韓国で成功している事業は、食堂など構造が単純で少人数のものが多いようです。

これまで、一人だけこの手の作業をうまくこなす脱北者がいました。彼は、学生のころ東ヨーロッパに留学しており、数年間の外交官生活もした男性でした。韓国入国後、大手の会社に就職して部下もいる立場です。私は、最初彼のことを韓国人だと思っていました。彼は、相手の話を否定せずにじっと聞いたうえで、相手を説得する能力を持っていました。若い時に朝鮮以外の国家で生活していたからでしょう。

私がサポートしている北朝鮮開発研究所は、メンバーも脱北者が主です。そこでは、最終的には研究肌のキム所長の一声で方針が決定されます。

彼は、研究のテーマを見つける能力は優れているのですが、その方針を進める過程において、多くの場合メンバーが従うか出ていくかの二択になってしまいます。メンバーも所長相手に議論するということに積極的ではありません。総合的には、所長が運営に関して高い能力を持っているとは言えないでしょう。ただ、彼はこの研究所の運営を五年以上続けています。脱北者団体としては異例のことです。「北朝鮮の開発研究は、祖国への贈り物」（キム所長）という純粋な基本理念が、研究所を引っ張っているのです。

工場で働く脱北者も、ミーティングなどで複雑な話がつづくと徐々にイライラしてくるのがわかります。すぐに結論を出してしまいたいようです。朝鮮では、方針が決まるまでに長い時間をかけることはないので、それは仕方ないでしょう。するかしないか、善か悪か、いわゆる二極思考的な発想に慣れていて、灰色の部分を残しておくということは思考回路にないようです。

途中で方針を変えるということもよく起きます。前項の約束の問題と関連することですが、事情が変わると簡単に方針を変えようとする傾向が強いように思います。自分で決めて行動している分、変更も自分の意思だけで行います。相手の都合を確認することはほとんどありません。良くいえば、自分の意思を強く持っている人が多いのです。「自分は頑固で」と口にする脱北者は多いのですが、それは韓国と比較して脱北者自らも感じることなのでしょう。

「お金を儲けたい」

脱北者との会話で私が「将来どうしたい？」と聞くと、最も多いのは「お金を儲けたい」という答えです。「お金を儲けて何をしたい？」と続けて聞くと、その多くは「食べて生きていかないといけないのでとにかくお金」というふうに答えます。

ちなみに、こういった傾向は脱北者に限らず、韓国人にもあります。新聞によると、韓国人大学生が就職で企業を選ぶさい、重要な要素になるのは「年俸水準」（53・6％）、「福祉制度・勤務環境」（50・5％）、「企業のイメージ」（36・3％）、「企業のビジョン」（28・5％）といった事柄です。[*22] 一方、日本の調査では、重要な順に「自分のやりたい仕事ができるか」（38・1％）、「安定しているか」（30・7％）、「社風がいい」（16・5％）、「働き甲斐がある」（15・1％）、「給料が良い」（15・1％）というふうになります。[*23]

私が交流している脱北者は四〇代が多く、異文化のなかで子供を抱えて必死に生きていきます。経済的な安定を重視するのは当たり前です。現実には、生活保護をもらいながら、申告せずにアルバイトをしている人が半数以上になるでしょう。

・北朝鮮の女性とは結婚しないほうがいいですよ。お金のことしか言わないですから。（スンボク）

ある男性に女性を紹介したいという話になった時、本音としてこう話してくれました。韓国経済が厳しいこともあり、話題の中心から経済問題がそれることはありません。

脱北者の仕事選びは、結局金儲けです。彼らは給料だけを基準にして仕事を探します。日給八千円の仕事をしていても、ほぼ同じ内容で九千円の仕事を見つければ、躊躇なく職を変えるでしょう。金額の違いに何か理由があるのか、確認することもしません。その点、彼らは「慎重」という言葉の対極にいます。複雑な環境に慣れていないからでしょう。マルチ商法、投資などで大金を失ったという脱北者も大勢います。これも、複雑な事情

＊22 中央日報「韓国の大学生が最も希望する就職先」二〇一八年十二月二六日
https://japanese.joins.com/article/502/248502.html

＊23 マイナビ「２０１８年卒マイナビ大学生就職意識調査」二〇一七年四月
mcs.mynavi.jp/enq/ishiki/data/ishiki_2018.pdf

を考慮する能力が欠けることや、性急に利益を求めようとする傾向が原因だと思います。また、人間関係が出来上がってしまうと簡単に人を信用するということも一因でしょう。

脱北者から話を聞いていると、朝鮮の若者に深刻な問題を感じることがあります。それは、将来において自分がどの分野で活躍したいのか、彼らが何のビジョンももっていないということです。青少年期において、個人の活動の場に希望を見出せないということが、どれほど大きな損失になっているのでしょうか。

障がい者未経験

精神障がい者というのは、韓国や日本でも健常者に理解されにくい存在ですが、朝鮮の人たちは、さらに障がい者を理解するのに苦労するかもしれません。

・北朝鮮にいたときは、障がい者が周りにいなかったのです。問題のある人は施設に入れられていたし、生活力のない人は、生きていけないし。（ミファ）

・苦難の行軍の時、最初に死んだのは、障がい者とか、そんな人たちですよね。（ジョンミン）

私の工場には、うつ病のために病院に通っている人がいます。脱北者ではありません。

工場で働く脱北者たちには、障がい者を意識的に差別する様子はありません。仕事に関してはとくに問題がないからでしょう。「そんな人だと思えばとくに問題はありませんよ」と脱北者は言います。

しかし、障がい者は仕事にくる時間がまちまちであったり、集中して長い時間仕事ができなかったりします。彼の精神的に弱い部分に触れると、脱北者は「しっかりしろ」という態度を見せることもあります。そのやり取りの後、彼は「北から来たやつが気に入らない」と私に告げにきたり、仕事に支障をきたすようになります。健常者であれば、問題にならない程度のことでも、気の強い脱北者と障がい者との関係では、精神的な傷になってしまうことがあります。私は、かつて精神障がい者との交流があったので、彼らの基本的な思考方法を理解できます。[*24] もし私が工場にいなかったら、数日もしないうちに、彼らの関係は崩壊するでしょう。

障がい者と脱北者との関係をあえてここで取り上げるのは理由があります。朝鮮が解放された後、障がい者問題が大きく横たわることになるだろうと考えているのです。身体障がい者については技術の進歩によって、環境さえ整えれば健常者に近い活動を行えます。

＊24　和田晋典『こころの荷物は愛でおろす』（アートヴィレッジ：二〇〇七年）

しかし、精神障がい者や知的障がい者に関しては、技術だけで解決できる問題でありません。

朝鮮の政治犯収容所には、万単位の人が収監されているといいます。不法に収監されているということに加え、生きて出られないという絶望感が、人にどれだけのダメージを与えるか分かりません。その人たちを解放したところで、全てが解決されるわけではありません。身体的なダメージももちろんあるでしょうが、彼らの多くは、精神に問題を抱えた状態で出てくると考えられます。さらに、解放されたあと、経験したことのない自由主義・資本主義の世界で生きていく必要があるのです。精神障がい者が何万人も生まれる可能性があります。

政治犯だけでなく、朝鮮には、栄養障害によって生まれた子供たちがいます。また、家族の愛情を受けられずに育った多くのコッチェビたちもいます。今後、統一までに格差が拡大して、その数は増えるかもしれません。こういった子供たちの数は、どのくらいなのか情報がありませんが、そんなに少ないとは考えられません。

また、朝鮮の核開発について、兵器そのものばかりが取りざたされていますが、中途半端な汚染対策で長年開発に携わった研究者、その地域周辺の人の健康問題も非常に深刻です。この問題はメディアなどで一年くらい前から取り上げられています。私も、施設周辺の住民と交流のあった軍関係の脱北者に「放射能の対策をちゃんと行っているはずがないですよ」（四〇代女性）と聞いています。地域の知人の皮膚が放射能で汚染されているとも述べています。朝鮮当局は、地域の人の移住を認めないことで、汚染の実態を隠していますが、非常に深刻であることは間違いないでしょう。

結論に代えて

韓国を好きではない脱北者

北朝鮮では、食べるモノがないときには、お互いに助け合って生きていくんです。家に食べるものがなくなると近所にもらいに回ります。「今日、食べるモノがないんですけど」といいながら。近所の人は、あれば分けてくれるし、なければ仕方ないのです。中学生のとき、何軒も回ったのですが、どこもなくて。村のはずれの方、ほとんど最後の家に着きました。その家の人は、知らないこともないですが、いつも会っているような間柄でもありませんでした。しかし、私が来たのをみて、何も聞かずとも、私が、端からずーっと回って、最後にこの家まで来たんだなぁって分かるんでしょう。その家のお母さんは、ほんの少しの時間ですが、私の顔をじっと見て、中に入れてくれました。部屋に入って座って待っていると、床の底を開けて、握りこぶしを一回り大きくしたくらいの包みを取り出してきました。私の前で、ゆっくり解いてくれたんです。最後のときのために取っておいたであろうトウモロコシだということは、私にも分かりました。そのお母さんは、なにも言わずに、そのトウモロコシの山を二つに分けて、片方を私に持たせてくれました。その時のことは、忘れることができません。北の人たちの暮らしというのは、こういうものです。（四〇代女性）

彼女は、そのお母さんがトウモロコシを分けてくれたときの手の真似をしながら、ゆっくりとした口調で話してくれました。私が聞いた朝鮮の話のうちでも、最も好きな話の一つです。

一方で、彼女の韓国人に対しての警戒心は相当のものだと言えます。「韓国人と一緒にいると、心が落ち着かないのです。もし、家族が亡くなって自分一人になったら、この国で生きていけるだろうかと思います」と言うのです。「何を考えているのかと、いつも警戒しながら話さないといけない」だからだそうです。彼女は、細かなところまで気がつく性格ではあり、社会生活においても、子供も立派に育てている人だけに、そう言ったことに驚きを覚えました。それほど、朝鮮と韓国とは、異なっているということなのです。

「(朝鮮では) 少し出かけている間に、自分の赤ちゃんが泣いていると、隣の人が来てあやしてくれて、その人が忙しくなると別の人が抱っこして、しばらくの間に自分の家の赤ちゃんが、どこに行ったのか分からなくなったりもしたんです」。

朝鮮の生活では、食べ物は分けてあげられるならあげるし、ないならないと伝える。血がつながっていなくても、共に生きていく仲間に対しては、見えるものをそのまま信じていたらよかったのです。今の韓国では、とても見ることができない光景であることに違いありません。

朝鮮は監視社会で、全てを警戒しないといけないとも言われます。それも事実です。しかし、その反面、心を開いた人には隠し事はしないというのも事実なのでしょう。

韓国では否定的に見られている集団主義社会ですが、脱北者がそこでの生活を懐かしく思うのは、人としてごく自然です。「アパートの隣の人が死んでいても知らないなどとは信じられません」。彼らは、韓国の個人主義が受け入れられないのです。

・統一されたら、金儲けのためだけに韓国人が北朝鮮に来るので、純粋なだけの人民が食い物にされるでしょう。北朝鮮の研究をしている人のうち八〇％は、解放されたら、我先に入り込んで金を儲けてやろうという意識で研究しているのを知りました。（三〇代女性）

自分の故郷の人が食い物にされることを心配する脱北者は多いのです。脱北者は、韓国人の多くは、朝鮮人民を助けてくれる人たちではないという認識を持っています。そして、それは事実です。脱北者から見たら、韓国はやはり、「利己主義」がまかり通る国家になってしまっているのです。

・こちらの生活が良かったら母親を呼びますが、危険を冒してまで来るところではないと感じます。こちらに私がいれば、いくらかでもお金を送れて、少し楽になるので、そのまま北朝鮮にいたらいいと言っています。（四〇代女性）

これも、偽らざる脱北者の声です。家族を呼ぶ脱北者も多いですが、脱北の危険を冒してまで入国するほど素晴らしい国家だとは感じられないのが今の韓国だと言えます。

・韓国人は情がないんです。

脱北者の多くが、そう言います。この言葉ほど、決定的に韓国の文化を否定することはありません。韓国人は「韓国民族は、情の熱い民族だ」と自負している人たちだからです。脱北者も韓国人がそう言っていることを知っています。知りながら言うのです。理由は簡単です。そのように感じないからです。ほとんどの脱北者は、トウモロコシを分けてもらった女性のような経験をしていますが、韓国人からは一度もしてもらったことがないのです。

朝鮮では、資本主義を利己主義だと教えますが、残念ながら、完全に間違った指摘でもないのです。共産主義でも資本主義でも人には同じように利己的な部分があるのが事実ですが、自由経済が人間の利己主義を顕わにしていることも認めざるを得ない事実でしょう。そして、それを改善する決定的な策は今のところ、見つかっていません。

「韓国でも昔はそうだった」と韓国人はいいます。日本も同じで、貧しい時代は、みんな助け合って生きてきたのです。互いに助け合って生きていく姿をだれもが美しいと感じながらも、物質的に豊かになった結果、いつのまにか人の心は貧しくなってしまったのです。貧しい時代のほうが、人の心の中に、差別や嫉妬が少なかったように感じるものです。しかし、人間的な情がなくなっていることが、正常であるかのように思える今の状態のほうが異常ではないでしょうか。その対策を、今、朝鮮の人々の生活の中から、探さないといけないのかもしれません。共産主義・社会主義は、歴史が否定しているものですが、その全てを捨ててしまうのではなく、我々が学ばないといけない点もあると考えるべきでしょう。

文化の違いの克服

脱北者たちは、私の工場で働くことを好んでいるようです。「ストレスがたまると、工場に行ってアルバイトしないと」(ミファ)などと言います。作業は、単純な食品の包装で、特に変わったところはありません。

彼女たちがそう言ってくれるのは、私が、朝鮮の事情を多く知っているからでしょう。私は、脱北者たちの朝鮮における暮らしや文化、中国での生活などを知っています。そして、そのうえで朝鮮の文化の肯定的な部分を理解していて、それを称賛するから、気分は悪くないはずです。「近所の兄さんみたい」とユミはいってくれます。私は全く違った文

工場の日本人に聞くと、やはり「韓国人と脱北者は違う」という。それは、違和感というよりも違いを感じるということで、脱北者には「純粋に、みんなで一緒に作業をしようとする雰囲気を感じる」という。気が強かったり自己主張が強かったりすることは、朝鮮民族の特徴として、韓国人にも脱北者にも共通しているが、一緒に作業するうえでは、脱北者のほうが日本人に似ていると感じるそうだ。
写真は、脱北者が持ってきてくれたパンを囲んで談笑する様子。

化圏で育った人間であるにも関わらずです。

実は、私は「文化の違い」を強く意識しないようにしています。というよりも、「違い」という言葉で、人を見ないようにしているといった方がいいと思います。共通点を探すのです。

人と人とが交流するときは、共通の目的をもっているのです。たとえばサッカーチームなら、サッカーをやりたいという共通点で人が集まってきます。その共通点の基盤の上で、それぞれ違う長所、つまり個性を見つけてチームを作っていくのです。攻撃、守備、ゴールキーパーなど、その選手の特色が出るようにポジションが決まります。短所でポジションは選びません。あくまで基準は長所なのです。

また、人が文化の違いをわざわざ言い出すときは、多くの場合、自分の都合に合わないことを挙げて、相手を批判することが多いのです。文化圏の違う人との交流でも、自分が違和感なく、楽しく付き合っているときは、文化の違いを引き合いに出すことはしません。

脱北者たちから感じる魅力は、私との違いではなく共通点だと考えています。困難に陥っても前向きに生きて行くことや、自分の所属する団体のために尽くそうとすることは、私も身に着けたいものです。「私の理想」と「相手の精神力」は、同じ前向きな意識として持っているものなのです。つまり共通しているということだと考えられるのです。私が、その点で脱北者に魅力を感じるというのは、自分と違うものを感じたのではなく、自分の望むものがそこにあるからです。それは、違いではなく共通点だと見るべきだと考えています。

これは、本文中のアドラーの「理想的な共同体」にも通じることです。私が脱北者から感じる「共同体感覚」は、我々が持つべき理想とするものだと思っていいでしょう。そこには、文化の違いはありません。

少なくとも、私は、脱北者に対して文化の違いという異質観を持たないようにしています。差を感じたら、個人の差だと考えています。もともと、朝鮮に住んだこともないのだから、自分の感じる違和感が、文化の差かどうかを判断する材料はありません。

本文中にあげた、脱北者の問題点は知っていますが、それも全ての脱北者にあてはまるものでもありません。短所があれば、個々に対処していけばいいのです。約束をきっちり守る脱北者もいます。また、相談して結果を導くことが苦手な脱北者も、それに慣れれば、そちらの方が良いというように感じていきます。足らないことを知って、経験を積んでいくことで、同じ文化圏に入ってくるのです。

別の言い方をすると、文化の違いというのは程度の違いで、人は、本来同じような思考をもっているはずです。共通点を見つけて、それを拡大していくことが問題解決に繋がると思っています。アフリカの原住民と暮らすのは難しいかもしれませんが、日本と韓国や朝鮮なら、基本は同じ文化圏だと思うほうが、問題の解決は早いはずです。

三者での討論セミナー

ところで、私は韓国において、平和統一に関するセミナーを一年間にわたって開くことになりました。十年の韓国生活と長年の脱北者との交流から、これまでとは違う観点で朝鮮半島の平和を考える場を持って欲しいということです。私は、このセミナーの受講生の数を脱北者、韓国人、日本人で同じ割合にすること、そして、討論形式で開催しようと思っ

脱北者が、統一後、発展を願って自分の故郷を分析し発表するセミナー。各自の実体験による発表で興味深い内容が多い。手前が脱北者・発表者

ています。

参加してくれそうな、講義の経験のある脱北者に電話を掛けました。「韓国人のいるセミナーで、韓国に対して思うことを正直に話してくれますか」と尋ねたところ、「和田さんだから話すのであって、韓国人の前では話せません」と答えました。多くの人の前で統一に関する講義をしてきた脱北者であっても、一般的な事実は話せても、心の中のことを全て話してきたわけではないのです。

心が傷ついたまま、本音を話さずにいると、お互いの距離が近づくことはありません。個人の交流では当たりまえのことです。それが、特に交流を行っていない相手であっても、話せないのが、今の現実の南北の関係なのでしょう。

南北だけの対話では、本音を語ることができないのですが、日本人がいることで、脱北者たちが参加してくれることになりました。韓国に長年住む日本人は、韓国人に対する意見ももっているし、それが、脱北者の視点と同じであれば、韓国人にもより深く伝わることになるでしょう。違いを見つけて、誰かを攻撃することではなく、本音で話し、共通点を探すことで共に生きて行く道が見つかるはずです。

統一するのであれば五年以内

もうひとつ、非常に重要なことを述べておきたいと思います。

「五年以内に北の国境が開く」と、本文中に書きました。言葉には、統一をするなら五年以内であるべきだという意味も込められています。

その理由は、ここまで述べて来た朝鮮の魅力が、日々なくなっているからです。これまでに紹介してきた脱北者の年齢は四〇歳以上です。彼らは、一九九五年、朝鮮が国家としての機能を果たさなくなった苦難の行軍の前に成人した人たちです。私が述べる魅力を備え持っている人民は、現在四〇歳以上の人です。五年後であれば、彼らはまだ五〇代に入る前で、社会の中心的活動ができる年代です。しかし、それが一〇年になると、多くが社会の一線から退いていて、それ以降の年代が社会の中枢を占めてしまうのです。

・苦難の行軍の時から、子供たちは学校に行けていません。実際は、それよりも前から（経済は）難しくなってますから、八〇年代生まれの子くらいからまともな教育は受けられていないと思ってもいいでしょうね。（ユミ）

八〇年生まれの人は、一九九五年当時は十五、六歳、現在は満三十八、九歳です。それより若い世代は、小学校を卒業したあたりから、二〇年間、経済も法秩序も崩壊しているなかで、充分な教育と国家の配給もなく、搾り取られながら自立することを考えてきたのです。賄賂の横行、貧富の差、教員の絶対性の欠如、非道徳的な資本主義的思考などが増えている、と最近入国した脱北者たちは言います。朝鮮当局も、犯罪を野放しにしないと社会が成り立たない時代です。優良な社会性が育つことは非常に難しい環境です。

私が実際に二〇代の脱北者と話をしてみると、日本人や韓国人と比べてまだまだ純粋だとは感じますが、現在、朝鮮にいる人民は、金日成時代の朝鮮人民とは徐々に違った価値観を持ってきていると感じます。

国際社会は、朝鮮が核を放棄しないかぎり制裁の手を緩めようとしません。朝鮮当局は、「自力更生」というスローガンを掲げましたが、それは、密輸、麻薬販売など、無理な外貨稼ぎに拍車をかけることを意味します。中国は、混乱に乗じて朝鮮の資源獲得にさらに手を伸ばすでしょう。全てが正常でない状態での国家運営で国内は加速度的に混乱に陥っていきます。

一部の高位幹部だけの延命を中心に運営される国家が、人民に悪影響を与えるのは誰の目にも明らかです。道徳的水準、健康状態、知的水準、どの面をみても、向上する要素はありません。世界にも類のないほど、朝鮮人民は、国家の裏切りを受けているのです。

希望を持って対応すれば

朝鮮は、度重なる困難にもかかわらず、崩壊することなく生き延びてきました。以前、韓国で、朝鮮の耐久力を分析する研究会があり参加したのですが、結論は、その耐久力は中国の援助や圧政によるものであるとしています。私は、この見解には反対です。耐久力が強烈な圧政のせいだとすると、圧政がなくなったときに、耐久力がなくなることになります。

私は、朝鮮が瀕死の状態でありながらも生き延びているのは、人民に国家を愛する意識があることが、一番大きな力だと判断しています。その力とは、朝鮮人民の魅力としてここで述べてきた、周辺の人たちと力を合わせて生きていこうとする力です。その力が集まって国家が支えられていると見ることが、最も自然なのです。圧政と関係ない韓国でも、その力は、脱北者のなかで確実に生きています。ですから、その力は、統一韓国の時代に、より大きなものとなって新しい国家を支えていく原動力になるはずです。韓国にはこのような見解はないはずです。

日本でも基本的には、朝鮮は否定的に見られています。三年ほど前、日本にいる脱北者男性と話をしたときに、「北朝鮮も国なんだから、本当にめちゃくちゃなら、国の体をなしていないでしょう。当然、いいところはありますよ」と言っていました。そして、その男性のお母さんは、一九六〇年に、在日朝鮮人の夫と一緒に日本から朝鮮に渡った日本人でした。男性は「最後は故郷で暮らしたい」という思いでお母さんと脱北したのです。お母さんは、貧しかったということは認めながら、「私が子供のためを思って、日本語で書いた日記を没収されたことは本当に残念でしたけど、それ以外にあんまり悪い記憶はありません」と話していました。日本でも、あまりこんな報道はされません。

ですから、南北統一というと、なにか重いものを感じてしまうのでしょう。マイナスの面にスポットを当て、それを取り除く作業をしたところで、希望が生まれるはずがありません。

朝鮮人民を敵として見るのか、共に歩む人たちとして見るのか、視点をどこに置くのかで見えるものが違うのです。どちらにしても、同じ北東アジア圏の住民として交流していく人たちです。「北朝鮮は、政府が悪いだけで、一般の人は悪くない」と、多くの人が言います。しかし、その悪くないはずの人たちにどれだけの人が関心を持っているのでしょうか。差別や蔑視はあっても、尊敬し共に歩むというような姿勢を示しているところは現実にはあまり見かけないものです。

本文に、ピアサポートやアドラーの心理学の観点からみた朝鮮の長所を記述しました。朝鮮の制度の中にも確実に素晴らしいものがあると思って見てみると、それらは簡単に見つかるものです。現実の朝鮮世界での状況を確認できないことが残念ですが、脱北者の様子を見るかぎりでは、この効果は、韓国よりも、朝鮮により良く表れていると見ていいと考えています。

私は、脱北者に対して、古くからの友人のように、彼らに魅力があることを素直に伝えています。彼らも、自分たちの大切な故郷の良さを知ってくれている人と交流するのは嬉しいと感じているはずです。私にとって、彼らとの交流は、とても希望的で楽しいものです。もちろん、生活習慣の違いから、問題が起きることもあります。資本主義社会で生きていくためのノウハウが不足している部分もあります。しかし、それは、共に発展していく意識を持っていれば、交流の中で改善されていくものです。

もちろん、私は、脱北者の長所を知っていますが、手放しで全てを肯定しているのではありません。今後の生活で、必ず改善していくべきである部分があることは認識しています。

ですが、相手を否定的に見続ける人よりも、相手の長所を引き出して交流する能力を持っている人は、個人としても幸福で、成功もするでしょう。それは、団体になっても、国家になっても同じです。この明快な論理からずれていくことのほうが、幸福や発展の阻害になるのです。そのことに多くの人が気づけば、より早く平和な世界が実現されることでしょう。

謝辞

本書は、韓国で書いた論文用の文書を日本語での出版に合わせて修正したものです。論文の内容から修正したものであるため、一般の読者には適さない部分もあるとの指摘をうけ、大幅に変更をしたのですが、不十分な部分が残っていると思います。そんな稚拙な文章を最後まで読んでくださった皆様に、まずは感謝いたします。

韓日の関係が冷えこんでいることもあり、日本では北朝鮮に対して敵対心しかないかもしれません。日本では、核兵器の脅威と拉致問題でしか関係がないような状態ですが、近い将来、否が応でも交流をするときがくるのです。その時に、マイナス面の知識だけでは、友好な交流ができないと考え、思い切って日本で出版してみることにしました。最初に、私の友人、数名に読んでもらったところ、これまでと違った視点で非常に面白いとの反応をもらって、本書を出版する思いを強くしました。その友人たちがいなかったら、出版に至っていないかしれません。その友人たちも感謝します。

また、実際に最もご苦労を掛けたのが、直接、出版に携わってくださった方々です。論文でもない一般向きでもないような文章に、いろいろ指摘をもらい、編集してくださり、本の形にデザイン装丁して、多くの人が手に取るように工夫してくださり、ありがとうございました。

そして、最も感謝をすべきなのは、他の場所で語ることのなかった心の中を私に伝えてくれた脱北者たちです。韓国における彼らの生活は、まだまだ苦しくて、政治・経済ともに慣れないいなかで、毎日毎日を生きています。彼らも気がついない北朝鮮の長所は、まだまだあるでしょう。今後とも、北朝鮮を深く知るために、彼らとの交流を続けていきます。その過程で、彼ら自身が国際社会で自信を持って生きてくれればと願っています。そんな彼らとの交流に、韓国人・日本人などと共により活発になることが私の希望です。

全ての関係者が、さらに、希望的になることを願って、感謝の言葉としたいと思います。

著者プロフィール

和田晋典（わだ・しんすけ）

1962 年、奈良県生まれ。1980 年、京都大学農学部入学。アメリカンフットボール部所属（1984 年日本選手権優勝）。
1986 年、京都大学農学部卒業後、コンピュータ会社に勤務。
1988-90 年、社会人アメリカンフットボールチーム・アサヒビールシルバースター所属。
1988-1998 年、都立戸山高校、金沢大学、神戸大学、アメリカンフットボール部でコーチ。
1994 年、技術コンサルタントとして独立。障害者用コンピュータなどの開発などに携わりながら障害者との交流を始める。
2002 年、韓国・鮮文大学神学大学院修士取得。
2011 年、韓国・東国大学北朝鮮学科博士課程修了。
2011 年度・韓国アメリカンフットボール国家代表チームコーチ。
現在、韓国（社）北朝鮮開発研究所理事
Email：nohosen@gmail.com
著書『心の荷物は愛でおろす…うつ病・統合失調症の青年たちとの交流記録』（2007 年アートヴィレッジ刊）

脱
北朝鮮論
脱北者との悪意を解いた交流から

2019年7月31日　第1刷発行
著者——和田晋典
発行——アートヴィレッジ
〒657-0846　神戸市灘区岩屋北町3-3-18　六甲ビル4F
TEL078-806-7230　FAX078-801-0006
URL　http:// art-v.jp
装丁——西垣秀樹